ドラッカー・スクールの

セルフマネジメント教室

Wisdom rather than knowledge.
Self-control rather than power.
Excellence rather than success.

——Peter F. Drucker

目次

第3章 土台をつくる——ストレスと休息 49

第4章

神経系のマネジメント 87

第5章

マインドレスネス 125

第8章 変化を前提に生きる 207

はじめに

Preface

「人生を変える授業」へようこそ

この本の基になっているのは、著者ジェレミー・ハンターさんが、ロサンゼルスにあるクレアモント大学院大学のドラッカー・スクール(Claremont Graduate University Drucker School of Management)で35週間かけて教えているセルフマネジメントの講座です。フォーチュン500企業をはじめ、全米や世界のエグゼクティブたちがこの授業を受けるために集まってきます。

彼らは、この忙しい世界で、ギリギリのところまでがんばってパフォーマンスを上げています。どの人も一生懸命です。ただ、いまのやり方でいつまで続くだろうかという疑問や、家族や周囲との関係における悩みなどをそれぞれに抱えていて、それが仕事のパフォーマンスに影響を与えていることに気づき始めています。

もちろん、これまでの自分をつくってきたやり方に、自負もありますす。それを見つめ直すことには苦痛も伴いますし、簡単なことではありません。もし、自分自身の正直な気持ちや、体で感じている違和感に気づき、よりよい結果に向けて動き出す方法があるのだとしたら?

そんな、それぞれの背景や思いがあって、人によっては数時間かけて遠方から、多様な人たちがこの授業に集まってきています。

じつは、私もそのひとりでした。在米中にジェレミーさんと出会ったことから、どうしても彼の授業を経験したいと思い、当時客員研究員として滞在していたスタンフォード大学から、クレアモントに移籍し、大急ぎで引っ越しをして、夫婦で彼の授業を1年間集中的に受講しました。そして、人生を本当に深いところから、意識的に変えていく大切なトランジションの機会をいただきました。

この授業を通じて「変わるのは難しい」と思われた自分の思考や行動のパターンの背景に気づき、少しずつ変化が訪れ、人生や仕事における選択肢が増えていきました。周りの人たちとの関係性の質も変化し、自分が望んでいた結果に近づいていくことを感じました。

私だけでなく、この授業を受けた人は驚くほど生き生きとした自分を取り戻し、それがパフォーマンス向上にもつながることを実感しています。教室の外においても実践を続け、自分も周囲も、そして世の中さえも変わっていくような経験に衝撃を受けています。

そんな理由から、ジェレミーさんは長年にわたって、学生たちの評価による「ティーチャーズ・アワード」を受賞し続け、彼の講座は「人生を変える授業」と呼ばれています。

セルフマネジメントとは？

日本でも非常によく知られている経営学者、ピーター・F・ドラッカー氏は、「他者をマネジメントするためには、まず自分自身をマネジメントすることだ」と言っています。彼は、早くから、セルフマネジメントを重視し、彼の経営に関する体系の根幹のひとつに位置付けていました。日本を愛し、日本美術のコレクターでもあったドラッカー氏は、日本の伝統からも多くのインスピレーションを受け、東洋的な内省や、西洋的なマネジメントの両側から、自分自身に対するマネジメントの実践をその思想の中核に置いています。とりわけ日本文化にある「知覚の重視」に強い関心があったようです。

ここで言う、マネジメントとは、相手を管理する方法というより、むしろ、相手や状況を理解しながら、うまく対処していくことで、よりよい結果を出していく技術のことです。セルフマネジメントとは、自分の内面的な状況にも気づき、理解していくスキルを身に付け、変化する状況の中で、自分の望む結果を出すことと言ってよいでしょう。

このとき、自分の思考に気づくだけでなく、自分の感情や身体感覚にも意識を向けることが大切です。自分自身に気づくことは、自分にとってだけでなく、他者との関わりにおいてきわめて重要な技術になります。自分を理解すると、周囲の人たちや顧客といった、他者への理解が深まり、新たな発想や行動の変化にもつながるでしょう。

この本では、こうしたプロセスについての具体的な方法を、身近な事例や実践を通じて理解し、自分が望む「結果」に近づくためのプロセスを、日常においても繰り返し練習することで、自分自身をマネジメントしていく素地をつくります。

セルフマネジメントの生み出す「トランジション」

現在、技術の進化や急激な気候変動など、これまで経験したことのない状況が次々と現れています。変化していることが常態となるような、いまの世の中において、個々の働く人が、変化への対応で疲弊することなく、創造的であり続けるにはどうすればよいのでしょうか。ジェレミーさんの示す「セルフマネジメント」は、まさに、こうした時代背景に応え、共に新しい未来をつくろうと提案するものです。私は、彼の伝える内容は、ドラッカー氏の伝えたかったメッセージを、21世紀において本質的に体現しているのではないかと考えています。

いま、この世界で起きているさまざまな変化に対して、これまで繰り返してきた「いつものパターン」で「いつもの結果」を再現し続けるのではなく、新たな意図を持って、新たなパターンを生み出すことで、望む未来に近づく。

これは、個人としてだけでなく、社会としての重要な進化であり、これこそがソーシャル・イノベーションだと私は考えています。

本書は、あなたがいつもどこかで欲していた、本当にかなえたかったことに近づくための、人生のステージを進化させるような「トランジション」を引き起こすきっかけにもなるでしょう。

日本と深い関係を持つジェレミーさんが、日本の読者向けに書いてくれた本書をお届けできるのを、心から嬉しく思います。

井上英之

Transform Your Results

Chapter 1

第1章

なぜいま
セルフマネジメントなのか

結果を変える方法を学ぶ

いきなりですが、この本を手にとってくださったあなたに質問です。ご安心ください。正解はありません。答え合わせもしません。数秒間、考えてみてください。

・あなたはいまの自分に満足していますか？
・いまの自分を取り囲む状況はあなたが望んだとおりのものですか？
・そうでないとしたら、本当はどうなったらいいと思いますか？

どんな瞬間にも、わたしたちは何かしら選択しています。「気がついたら」スマートフォンを見ていた、「なんとなく」スナック菓子を口にしていた、といった場合も、それはあなたがどこかでその行動を選択しているのです。

そこで、ちょっと考えてみてください。

・その選択がもたらす「結果」について、あなたはどこまで意識していましたか?
・いま手にしている結果は自分が意図していたものでしょうか?
・望んでいない結果をいつものパターンで繰り返していないでしょうか?

わたしの授業では、次の3つについて繰り返し問いかけます。

・あなたの意図したことは何ですか?
・あなたが本当に望む結果は何ですか?
・いま手にしている望んでいない結果は何ですか?

この問いに答えるには、いままであまり意識していなかった、自分の思考や感情のパターンに意識を向ける必要があります。

意外かもしれませんが、「マラソンで世界一になる」という結果も「1週間で3キロやせる」という結果も、到達するための方法論は同じです。

第一歩は、「本当に望んでいる結果はこれである」という意図をはっきりさせることです。そして、いま得ている結果がその意図に沿っているか自問してみることです。

もし、いま得ている結果が「望んでいない結果」なのであれば、それをもたらしている自分の思考や行動パターンに気づく必要があります。それによって、そうしたパターンに陥らないための選択肢が視野に入ってきます。そこから正しい選択を繰り返していくことで、望む結果に近づくことができます。この本でお伝えしたいのは、この一連のプロセスです。

このプロセスで重要なのは、「結果を情報と捉える」ことです。結果とはあなたの行動に対してのフィードバックです。いまあなたが手にしている結果は、望んだものであれ、望まなかったものであれ、あなたの未来にとって最も貴重な情報なのです。この情報を最大限に活用することで、あなたのものの見方、考え方、行動を、あなたの望む結果に近づけるよう、変えていくことができるのです。

日本では、よりよいモノやサービスを生み出すプロセスとしての「改善」は当たり前のように行われていますが、時代の変化に効果的に対応するために継続的に自分自身を変えていくプロセスとしての「改善」がより身近なものになれば、個人の幸福度も組織の生産性も向上することでしょう。

自己変革という意味での改善に必要なのが「情報」です。それは、いまあなたが手にしている「結果」のことです。

情報を正確にキャッチするためのスキルがマインドフルネスです。マインドフルネスは、セルフマネジメントの基本スキルのひとつです。最近よく耳にするマインドフルネスをスピリチュアルな世界の何かであり、自分とは関係ないと思っている方もいるかもしれません。しかし、マインドフルネスは実用的なスキルであり、この時代においてそのスキルを身に付けることは、読み書きを学ぶことと同じくらい大事であるとわたしは考えています。

ここまで読んできて、いまあなたはこんなふうに感じているのではないでしょうか。「望む結果を手に入れられるようになるのは素晴らしいけれど、きっとものすごく難しい訓練が必要なんだろう。修行のようなものだろうか？」

安心してください。いまからお話しするのは、わたしがビジネススクールや、エグゼクティブ向けのプログラムで教えている内容です。つまり、教室やワークショップで学んで、自宅で実践できるものです。正しく行えば、日常的な課題を解決し、よりよい結果を日々実感することができます。

わたしはみなさんに、たくさんの知識や情報を提供したいのではなく、たとえていえば、「新しい楽器の弾き方」を学んでもらいたいと思っています。それは、自分の経験という楽器です。毎日楽器にさわって奏でてみなくては、美しい音を思いどおりに出すことはできません。繰り返し練習し、失敗の中から学び続ける必要があります。このサイクルこそが、いま劇的に変化している新しい世界に適応し、創造的に生きていくための鍵となります。

もちろん、わたし自身もいつも練習しています。失敗の繰り返しです。

息子が生まれたときのことです。初めて家に息子を連れて帰ってきた日、わたしはソファに座って、彼の小さな体を抱きしめていました。とても静かな土曜日の夜、この特別な瞬間に浸っていました。ところが突然、わたしの右手はニュースをチェックしようとスマートフォンに伸びました。まるでわたしの右手に意識があるかのようでした。自分の思っていることとは関係なく、自動的に動いたのです。わたしはそこで自分がやろうとしていたことに気がついてゾッとしました。

人生で最も貴重な体験をしている最中、息子がわたしに全存在を委ねている瞬間であったにもかかわらず、わたしの無意識の一部は土曜の夜にニュースをチェックするというきわめて重要度の低いことをやろうとしたわけです。このとき、自分自身がまったく必要のないことに、いとも簡単に気を取られてしまうことがあると改めて気がつきました。この瞬間わたしは、できる限り息子と一緒にいる時間を大事にしようと、自分自身と息子に対して誓いました。いまでもこの約束は守っています。

ここでお伝えしたかったのは、わたしたちはいつでも、どんな大事なときにでも、どうでもいいことに気を取られてしまう可能性があるということです。ということは、そうならないように練習するための機会がいくらでもあるということでもあります。

満員電車の中で、人と肩がぶつかってイラっとする、部下が同じミスをしてカッとなる、プレゼンで焦ってしまい言動が支離滅裂になる、面倒なことをいつも後回しにして時間が足りなくなる……。

そんな望んでいない現状から本当に望む未来に方向転換できるようにする方法があったら、わたしたちの人生はずっと充実した、幸せなものになるでしょう。

「過去の経験に頼っても、この状況の助けにはなりません」

2019年の10月に日本に台風19号ハギビスが脅威として近づいているとき、ニュースで繰り返し流れたフレーズは「過去の経験に頼っても、この状況の助けにはなりません」というものでした。

この想像を絶する巨大な台風は、日本中に大災害をもたらしました。東京の西部では1メートルも浸水したところもあり、かつて一度も台風の影響を受けたことのないエリアでも被害が出ました。

このときわたしは仕事でノルウェーのオスローにいたのですが、ノルウェーの人口は530万人です。日本の台風19号で避難勧告の対象となった人数は600万人。オスローの人たちは、自分の国の人口よりも多い人たちが、安全のために避難勧告を受けるという可能性に愕然としていました。この災害は、日本にとっても世界にとっても、わたしたちの住むこの地球が以前とは違うものになりつつあるという警鐘となりました。

この本を書いているとき、わたしが住んでいるロサンゼルス近郊で山火事が起きました。北カリフォルニアでも、勢いを増した火が押し寄せ、町が焼けました。そのニュースを見て、このフレーズがまたわたしの頭の中で鳴り響いたのです。

「過去の経験に頼っても、この状況の助けにはなりません」

昨今の異常気象は、わたしたちが知りうる過去の経験を超えて変わってきたもののひとつでしかありません。人工知能（ＡＩ）の出現、高齢化によって変化していく社会、政治的な緊張とダイナミックな動き、これらすべての出来事は、これから何年もの間、絶え間なくわたしたちの心をざわつかせ続けることでしょう。

こうした現実をポジティブに捉えるか、ネガティブに捉えるかはわたしたち次第ですが、いずれにしても、わたしたちは変わっていくことを求められています。

この時代を表すひとつの言葉として、ＶＵＣＡがあります。Volatility（変動性）、Uncertainty（不確実性）、Complexity（複雑性）、Ambiguity（曖昧性）の頭文字から取られています。ＶＵＣＡの世界はジレンマに満ちていて、誰もが疲弊し、何かを変えなければいけないと思いながら悶々と生きているともいえます。

この状況に対応するため、企業や学校ではさまざまな取り組みをしています。しかしそのほとんどは、自分以外の何かを変えることでいま起きている望んでいない結果を変えようとするものです。この本は、自分自身を変えることで望む結果を得ることが主題です。

ヒエラルキーモデルからネットワークモデルへ

なぜ、望む結果を得るためにセルフマネジメントが必要なのか。それは、21世紀に生きるわたしたちを取り巻く社会や組織のあり方と深く関係しています。

20世紀に支配的だった組織は、ピラミッド型のヒエラルキーモデルでした。［図表1］の左側のようなモデルです。

このモデルでは、組織全体にヒエラルキー（階層）があって、それぞれの階層における権限と役割が決まっています。決まった役割や与えられた権限を超えることは許され

図表1　20世紀型・ヒエラルキーモデルと
21世紀型・ネットワークモデル

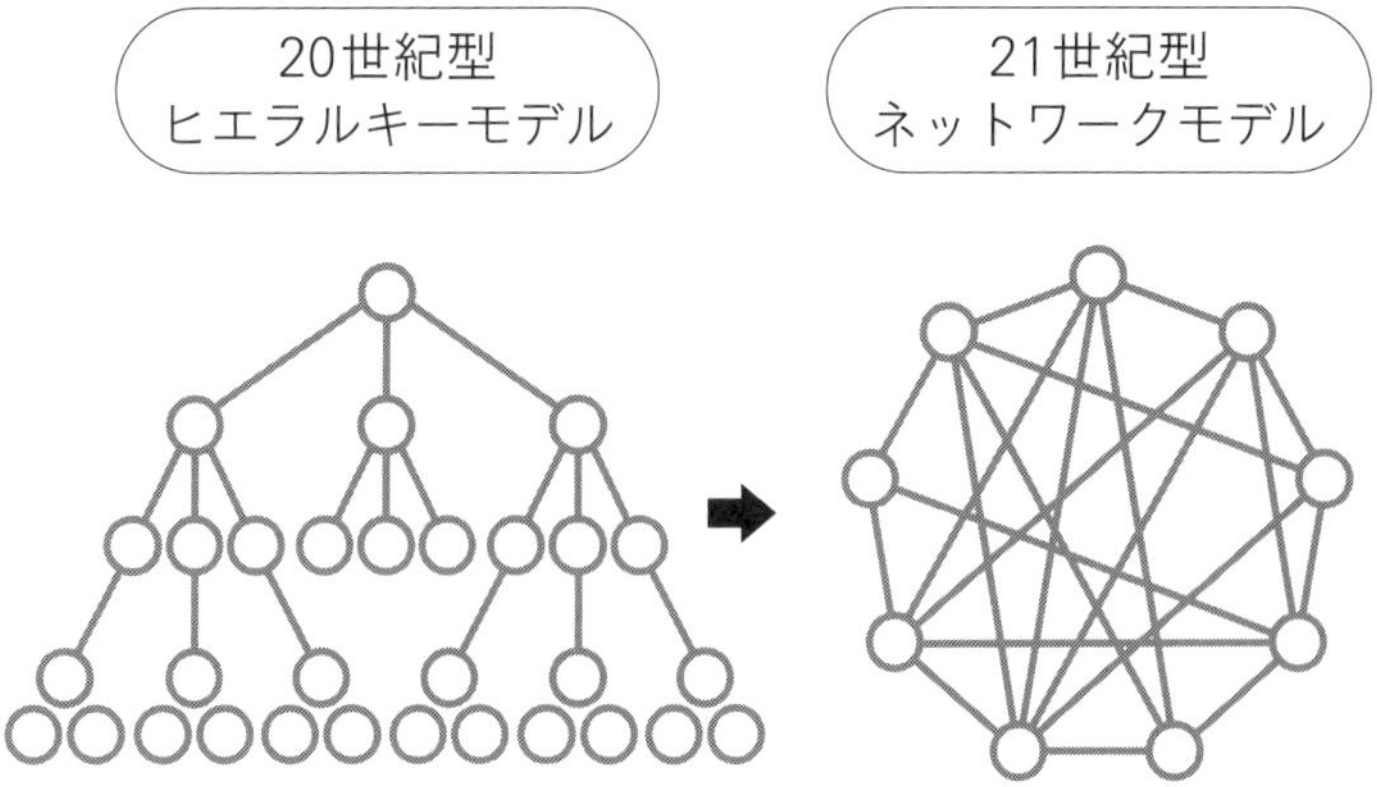

ヒエラルキー（階層）がある	関係性のネットワーク
役割が決まっている	環境や役割がいつも変化している
受け身である	主体的である（ネットワークに何かを与える・ネットワークから何かを得る）
硬直的である	流動的である
スピードが遅い	スピードが速い
非効率である（単純なタスクの場合は効率的）	軋轢や対立と向き合う必要がある
個人が何を感じているかは問題ではない	感情は大事な要素

ないので、このモデルで人は受動的に振る舞います。また、それぞれの人が自分の役割について「どう感じているか」は、あまり問題にはされません。

わたしは、大学時代に工場で働いていたことがあります。毎日、決まった時間に工場に出勤し、決まった時間に帰宅し、決められた仕事の手順を繰り返し、そして1日の終わりには部品を何個つくったか数えました。非常にわかりやすい世界で、職場の人間関係もそれほど複雑なものではありませんでした。

ピーター・F・ドラッカーは、20世紀から21世紀にかけて、社会は急速に知識社会（ナレッジ・ソサエティ）化すると指摘しました。そして、その知識社会に働く人たちを、「知識労働者」（ナレッジ・ワーカー）と呼びました。彼らの働き方は工場労働者の働き方とはまったく異なります。

知識社会においては、人は必ずしも定時で働きません。仕事上の役割も以前のようにはっきりしません。人間関係はもっと複雑なものになり、誰もが多くのコミュニケーションや交渉を必要とするようになります。職場においても互いに会話を交わし、信頼し合うといったことが大切になっていきます。つまり、何かを達成するためには、決められた役割を果たすだけでなく、個人として、質のよい関係性をマネジメントすることが求められるのです。

知識社会特有の生きづらさは、この関係性のマネジメントに端を発しているといってもいいでしょう。もちろん、工業化社会の労働においてもコミュニケーションや信頼関係は重要でしたが、いまに比べるとずっと優先順位は低いものでした。成功するために求められたのは、「読み書きができる」とか「的確に指示に従う」といった、より目に見える能力でした。

一方で、知識社会に最適化した組織は［図表1］の右側にあるような、ネットワークモデルです。現在は、官僚組織のようなヒエラルキーモデルが根強く残っている一方で、新興テクノロジー企業に代表されるようなネットワーク型の組織が存在感を増しています。実際はこのふたつのモデルの間に、さまざまなバリエーションが存在しています。

いま、わたしたちは職場でも日常でも、複数のネットワークの中で生きています。かつてのように、シンプルな人間関係の中で生活が成り立っている人は少なくなっています。この関係性のネットワークは絶えず変化しています。その中でわたしたちは常にネットワークに対して何かを与えると同時に、ネットワークから何かを受け取っています。

誰かと関係すると、必ず軋轢や衝突も起きます。そんなとき、うまく対処できなければよい関係を持ち続けることはできません。よい関係性とは仲がいいとか一緒にいて心地よいということだけを意味しているのではありません。相手のことを理解し、ともに変容していけるかどうか、それが関係性の質を決めます。そのためには正直であること、率直であること、公正であることなどが求められます。ネットワークの中でそうした振る舞いを実現できるかどうかは、自分をうまくマネジメントできるかどうかにかかっています。

先日、わたしのワークショップの参加者の何人かが「職場の人たちにどう思われているか不安で、会社では身動きがとれない」と打ち明けました。実際、人が正直に自分の意見を言ったり、大切なことを打ち明けたりすることができないような組織はたくさんあります。

ヒエラルキーモデルの世界では、そもそも自分の意見など言う必要もありませんでした。毎日同じ場所に行って、自分の仕事をして家に帰る。そうすることで評価され、報酬も得られ、何十年も会社に居続けることができました。

一方、ネットワークモデルの世界では、個人は人間関係においていままでよりずっと多くのことを求められています。一人ひとりがネットワークに対して、何かを提供しながら、何かを得ています。自分が役割に埋没せず、本当に望んでいる結果や状態を実現するには、好むと好まざるとにかかわらず、ネットワークの中にいるほかの人たちと交渉する必要があるのです。

交渉の出発点になるのは「自分が何を望んでいるのか」に気づくことです。ヒエラルキーの中にいるときは、何を望んでいるかがわからなくても、役割は与えられましたが、ネットワークモデルでは、自分で決められない人はどんどんネットワークの周辺に追いやられてしまうのです。

ネットワークモデルでは、ヒエラルキーモデルの時代とはまったく違うマインドセットやスキルが必要になってきます。そのことを理解しないまま、多くの人がネットワークや関係性に対してエネルギーを注ぎすぎて疲弊しています。与えることに夢中になって、自分のことをケアしていない人もいる一方で、ネットワークに対してさしたる貢献もできず、周辺に追いやられている人もいます。

ヒエラルキーモデルの世界においては、自分のことをケアするのは、ともすれば自分勝手、わがままと見られていました。与えられた役割や権限を超えて発言したり行動したりすることはペナルティの対象となりました。しかし、ネットワークモデルの世界では、日々の努力を結果につなげるには、自分のことを理解し、自らの望む未来を意図し、自らを支えていくことが必要です。だからこそ、セルフマネジメントが必要となるのです。

Column

わたし自身のストーリー

もしかしたらあなたは、どうしてわたしがセルフマネジメントに興味を持ち始めたか、気になっているかもしれません。わたしにとっては、セルフマネジメントは単に学術的な興味なのではなく、人生に不可欠なものです。

あなたが20歳だったとして、突然医者にあと5年の命ですと言われたら、どうでしょうか？ あなたなら何をしますか？ これが何年も前にわたしに起こったことなのです。自分の免疫が異常を起こし、腎臓を攻撃していて治療法がない、という診断でした。難病であり、未だにその病気の治療法はありません。診断を受けたとき、「5年以内に亡くなる可能性は90％です」と言われました。病院からの帰り道でわたしは父に言いました。

「90％っていいニュースだよね。だって、誰かが10％に入るわけでしょ？ それが僕なんだ」

当時、わたしは大学で東アジア学を専攻していました。そして、診断後に大学に戻って、わたしの体に何が起こっているか教授に話をしました。すると教授が、机の引き出しの中から、本を取り出しました。その本が、フィリップ・カプローの『禅の三つの柱』（Philip Kapleau, *The Three Pillars of Zen: Teaching, Practice and Enlightenment*）という本でした。禅の瞑想について、英語で書かれた初めての本です。わたしは、その本を自分の拠り所にして、何度も読みました。その本には、自分のマインドをどう扱うかについて書いてありました。

腎臓の病気で興味深いのは、痛みを感じないことです。しかも、症状や体調が安定することもある。けれども、原因も不明なまま不安定になるときもあります。そうなると何をやっても効きません。そんなとき、どうしたらこの不明瞭で、恐ろしく、怒りに満ちた感情をコントロールできるのか、わたしは模索していました。

自分の状態をチェックするには、排尿したときに血が混じっていないかを毎回確認しなくてはなりません。その一回一回がわたしにとって禅のトレーニングでした。今日がその日なのか、まだ大丈夫なのか。それが1年経ち、3年経ち、5年経ち……いまに至ります。このセルフマネジメントの方法論は、こうやってわたしが死と向き合っている中でできたものなのです。

この続きがどうなったか。それはこの本の最後にお話しすることにしましょう。

Transform Your Results

Chapter 2

第 2 章
セルフマネジメントとは何か

You cannot manage other people unless you manage yourself first.

—— Peter F. Drucker

ドラッカーのマネジメント論

「まず自分をマネジメントできなければ、他者をマネジメントすることはできない」

これはピーター・ドラッカーの有名な言葉です。自分自身のこと、つまり、自分の内面がわかっていない人に、組織やチームのマネジメントなどできないと彼は説いているのです。

さらにドラッカーは、「マネジメントの役割は、成果をあげることにある。これこそ実際に取り組んでみれば明らかなように、もっとも難しく、もっとも重要な仕事である」とも述べています。当たり前のことですが、企業や組織、チームにおいては、成果を生み出すことが最重要課題です。そして、成果が出ていない人や組織が成果を出すためには、思考の幅を広げ、いままでとは違う選択肢を生み出し、そこから行動し、積み重ねた結果から学び続ける必要があります。この学びのサイクルが成果をもたらすのです。

自分が見ているものは本当にそこにあるか

ドラッカーはまた、「最初から事実を探すことは好ましいことではない。すでに決めている結論を裏づける事実を探すだけになる。見つけたい事実を探せない者はいない」とも言っています（『経営者の条件』）。

人は自分が見たいものを見ようとします。その「ものの見方」は、それぞれの経験や価値観、過去に蓄えた知識や個々の嗜好によって自動的に決まります。人は自分自身のフィルターを通して物事を見て、それを現実として捉えます。しかしその現実は、その人の期待や価値判断、思い込み、バイアス、身体感覚、感情など、多くの要素が複雑に絡み合った結果映し出されたものなのです。そしてほとんどの人は、自分にフィルターがあることすら意識していません。

セルフマネジメントを学ぶ目的は、自分のフィルターを外し、オプションを増やし、よりよい結果を得ることです。

図表2　自己の内側と外側に働きかけるセルフマネジメント

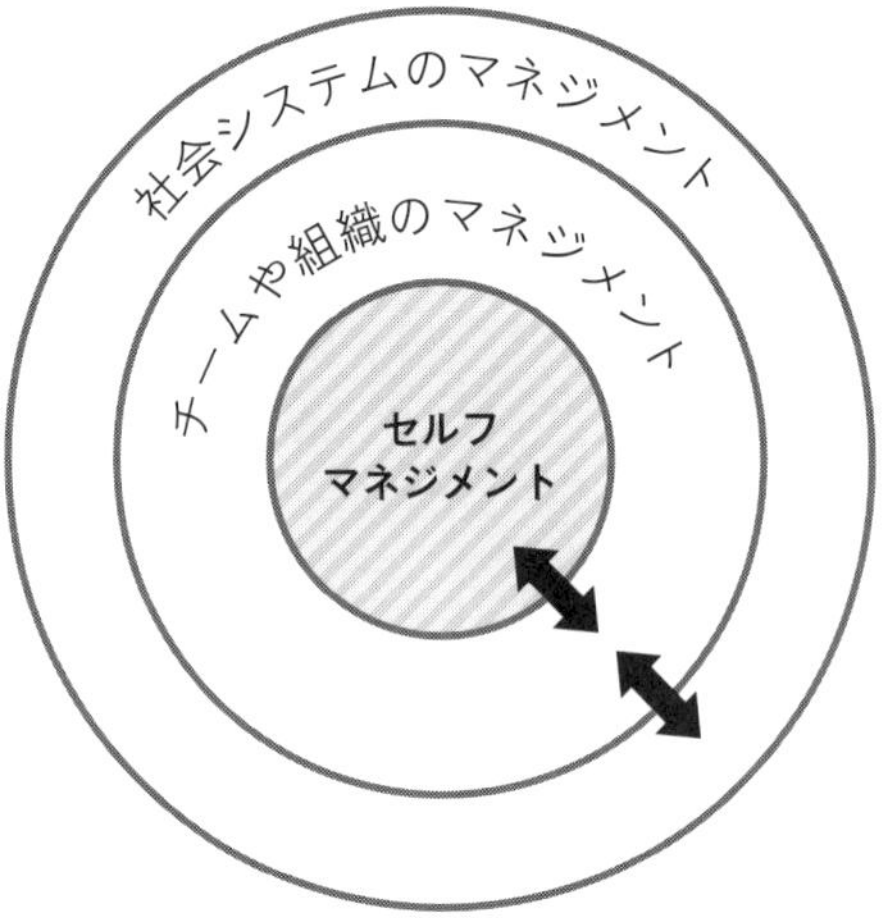

自分の内面を理解し、自分自身をマネジメントできるようになって初めて、他者に影響力が発揮できるようになります。

しかし、わたしたちはしばしば、この順序を逆にしがちです。自分の内面に目を向けるのではなく、いきなり自分以外の誰かや何かを変えようとしてしまうのです。

学校教育においても社会人になってからも「自分はいま何を感じているのか（感情）」や「自分の身体にどんな感覚があるのか（身体感覚）」という、生きるうえで重要な問いと向き合う機会はほとんどありません。

自分の考えていることはなんとなくわかるけれど、その奥にある感情や感覚に気づかないままやみくもに行動していると、その行動の結果についての評価もできません。頑張っているのに結果に結びつかない人は、そもそも「どういう結果を目指しているのか」を自分自身がわかっていなかったりします。

かといって、自分のことだけに集中して周りの人・環境・組織に目を向けなければ成果を出すことはできません。自分を取り囲むほかの人の存在もあってこそ、望む結果が出せるのです。ネットワークモデルの時代においては、ひとりで完結する仕事などほとんどありません。つまり、自分に向き合って瞑想していれば世界が救われるというような、単純な話ではないのです。

自己の内面を見つめ、自分の感情や願望を知り、そのうえで外側の世界に働きかけ、よりよい結果に近づけていくこと、これがセルフマネジメントです［図表2］。

セルフマネジメントができるようになると、チームや組織（企業やNPO、地方自治体や行政など）のマネジメントで成果を出せる可能性が高まります。その先に社会のイノベーションがあります。自分が望む社会を実現するために、権力やパワーで強引に変化させようとしたり、社会システムそのものを無理にコントロールしたりしてもうまくいきません。それよりも「わたしはどんな社会を望んでいるのか」「どんな社会であれば幸せを感じるのか」という自分自身の願望や感情を起点に行動し、周囲に影響を及ぼしていくことで少しずつ社会は変わっていくのです。

マネジメントの最小単位

セルフマネジメントにおいて大事な単位は、瞬間です。瞬間はすべてのマネジメントにおいて最小の単位であり、瞬間から瞬間の間に何が起きていて、どのような体験を自分が得ているのかを知り、その体験から自分が何を感じ、どんな結果を得ているかを理解することからセルフマネジメントは始まります［図表3］。

瞬間とは、文字どおり「瞬く間」です。人は生まれてから死ぬまで、瞬間の連続の中で生きています。あなたの人生は連なった瞬間の一つひとつから成り立っています。それらは人生が演じられる舞台です。各瞬間を約3秒間とすると、1日は28800瞬間あります。心理学者のミハイ・チクセントミハイとブランドン・ソレンソンは、寝ている時間を除くと1日は大体20000瞬間くらいと推計しています。また、2010年

図表3　社会変革は「瞬間」のマネジメントから始まる

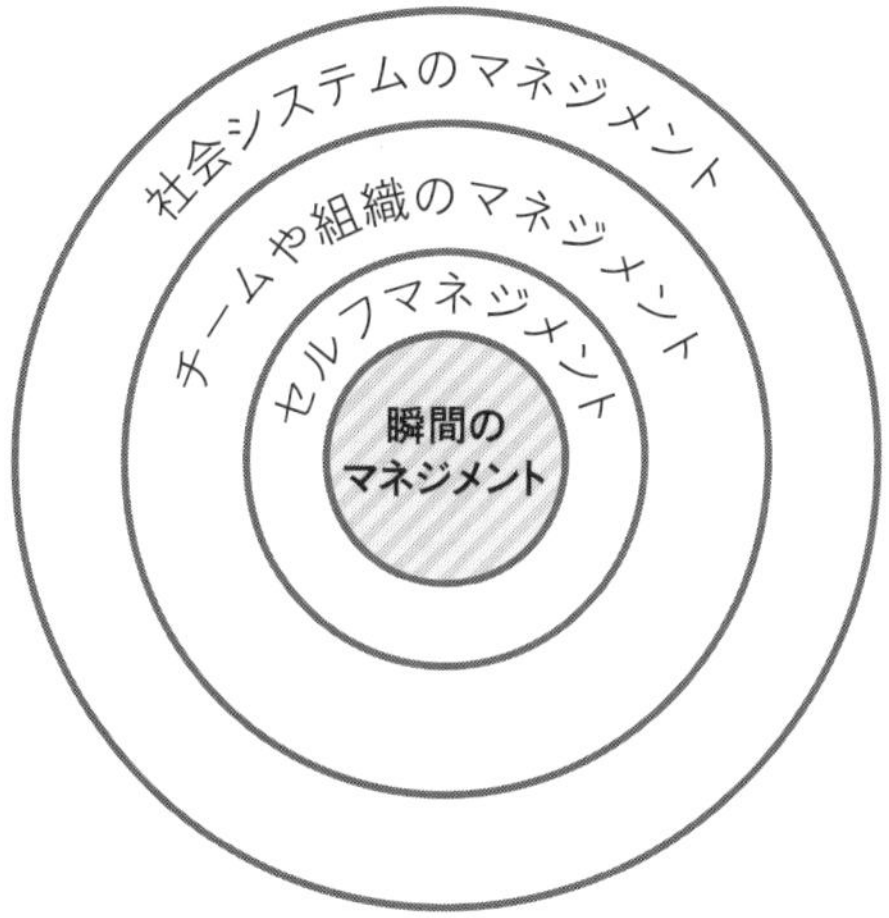

のハーバード大学の研究によれば、わたしたちはその約半分の時間は気を散らしたり、ぼんやりしたりして過ごしているといいます。ということは、残りの10000瞬間をどのように捉えて、反応するかが、人生で得られる結果に大きく影響するということです。

わたしたちが対処できるのは、「その瞬間に起きていること」だけです。過去や未来をいまこの瞬間に変えることはできません。人はいまこの瞬間から次の瞬間に起きる事象に対して反応し、決定し、行動し、結果として何かを得ています。人生はその繰り返しです。

いままでと違った結果を求めるのであれば、まず瞬間に着目しましょう［図表

図表4　結果を変えるには「瞬間」に着目する

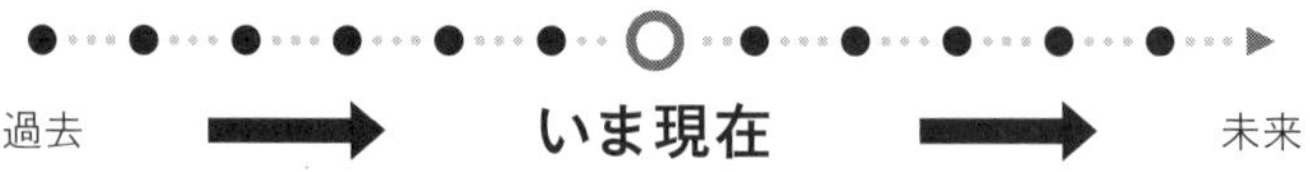

4&5」。これは、多くの人が見過ごしていることです。全体像や大局を見ることは大切なことですが、瞬間の積み重ねが大局につながっていることを忘れないでください。新たな結果は、瞬間における新たな選択肢からしか生み出せないのです。セルフマネジメントとは、瞬間のマネジメントともいえるのです。

人の特性を理解し、変化のきっかけをつくる方法はたくさんあります。しかし、瞬間にフォーカスしているものをわたしはほとんど見たことがありません。すべては瞬間で起きているというのに。これは考えてみれば不思議なことです。わたしはなんとかこの領域にアクセスするツールを生み出すためにこのプログラムを

図表5　新たな結果は瞬間における新たな選択肢から生まれる

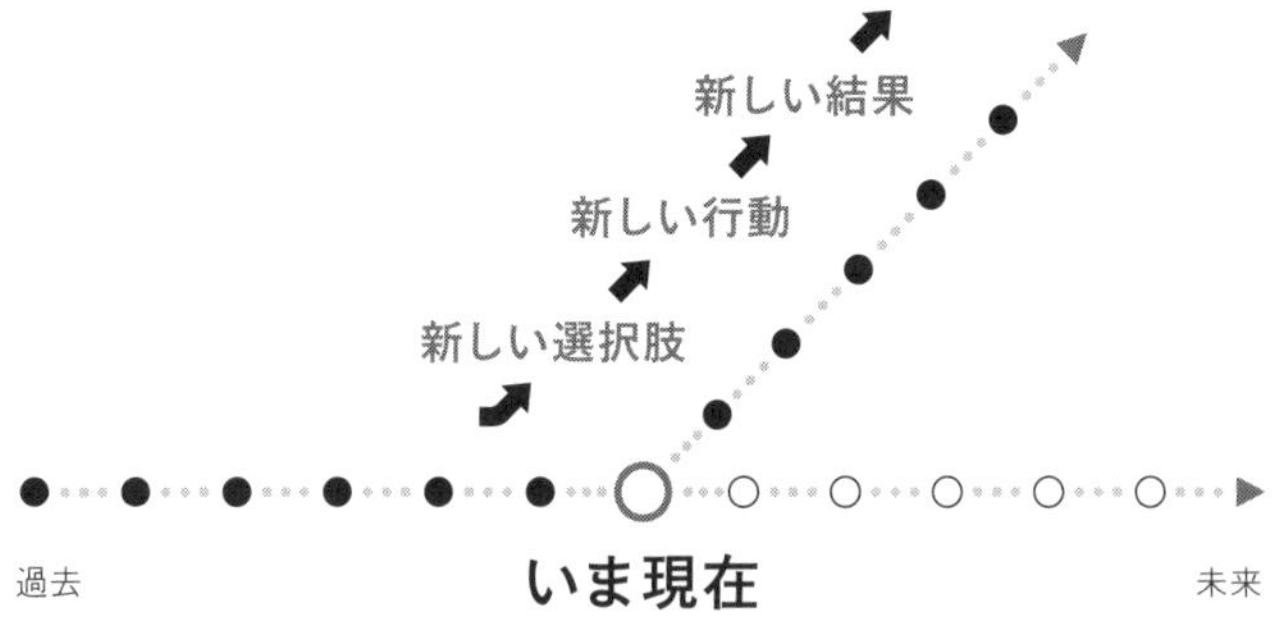

開発したといってもいいくらいです。何度も強調しますが、瞬間のマネジメントができずして、今日や明日のマネジメントができるわけがないのです。

望む結果を得るためのプロセス

もう少し詳しくセルフマネジメントのプロセスを見ていきましょう。わたしはこのプロセスをインテンション・リザルト・マップ（IRマップ）と呼んでいます。これは、いま得ている「望んでいない結果」を「望む結果」へと近づけていくためのロードマップです。このIRマップが使えるようになるには、準備が必要です。ここでは、簡単にIRマップとはどのようなものかをご説明します。

IRマップのひとつの使い方は、いま自分が手にしている「望んでいない結果」を逆から分析する、というものです。望んでいない結果は、自分自身のどのような意図や選択によってもたらされたのか、順に辿っていくのです。

そしてその情報を基に、「本当に望む結果」に至るためにはどこに意識を向けるべきかを明らかにし

望んでいない

結果 RESULT	わたしはどんな結果を手にしているのか？
行動 ACTION	この結果をもたらした行動は何か？
選択 CHOICE	わたしにはどんな選択肢があるのか？
認識 PERCEPTION	わたしはいまどんな経験をしているのか？
意識 ATTENTION	わたしの意識とエネルギーはどこに 向けられているのか？
意図 INTENTION	わたしが本当に望む結果は何か？

ます。その意識の向け先や向けるときのエネルギーの強度によって、新たな選択肢が生まれます。新しい選択肢からは、新しい行動が引き起こされます。その行動から新しい結果が得られます［図表6］。

　その結果を基に、このプロセスを繰り返すのです。そう、あなたが本当に望んでいる結果が得られるまで。ＩＲマップは、望んでいない結果と望んでいる結果のギャップの背後にあるものを明確にするツールといえるでしょう。

　ＩＲマップの使い方は第7章で詳しく説明しますが、ここではひとつだけ重要なことを覚えておい

図表6　インテンション・リザルト・マップ　INTENTION RESULT MAP

本当に望む結果

意図 INTENTION	**わたしが本当に望む結果は何か?**
意識 ATTENTION	**わたしの意識とエネルギーはどこに向けられているのか?**
認識 PERCEPTION	**わたしはいまどんな経験をしているのか?**
選択 CHOICE	**わたしにはどんな選択肢があるのか?**
行動 ACTION	**この結果をもたらした行動は何か?**
結果 RESULT	**わたしはどんな結果を手にしているのか?**

てください。あなたがいま手にしている「望んでいない結果」は、「本当に望む結果」に近づくための貴重な情報だということです。

望んでいない結果をもたらす要因

望んでいない結果は望む結果を得るための出発点となりますが、そもそも望んでいない結果は何によってもたらされているのでしょうか。

そのひとつは、サバイバル反応といわれるものです。情動反応ともいいます。もうひとつはマインドレスネス（マインドフルネスの反対）です。順に説明しましょう。

①サバイバル・情動反応

わたしたちは何かに脅かされたとき強い感情に支配され、論理性や社会性が失われた状況に放り出されます。身体に危害を加えられるといったことだけでなく、予算が切られた、名誉を傷つけられた、無理な仕事を押し付けられた、といったこともこうした反

図表7　いま現在の瞬間からどんな情報を得られるか？

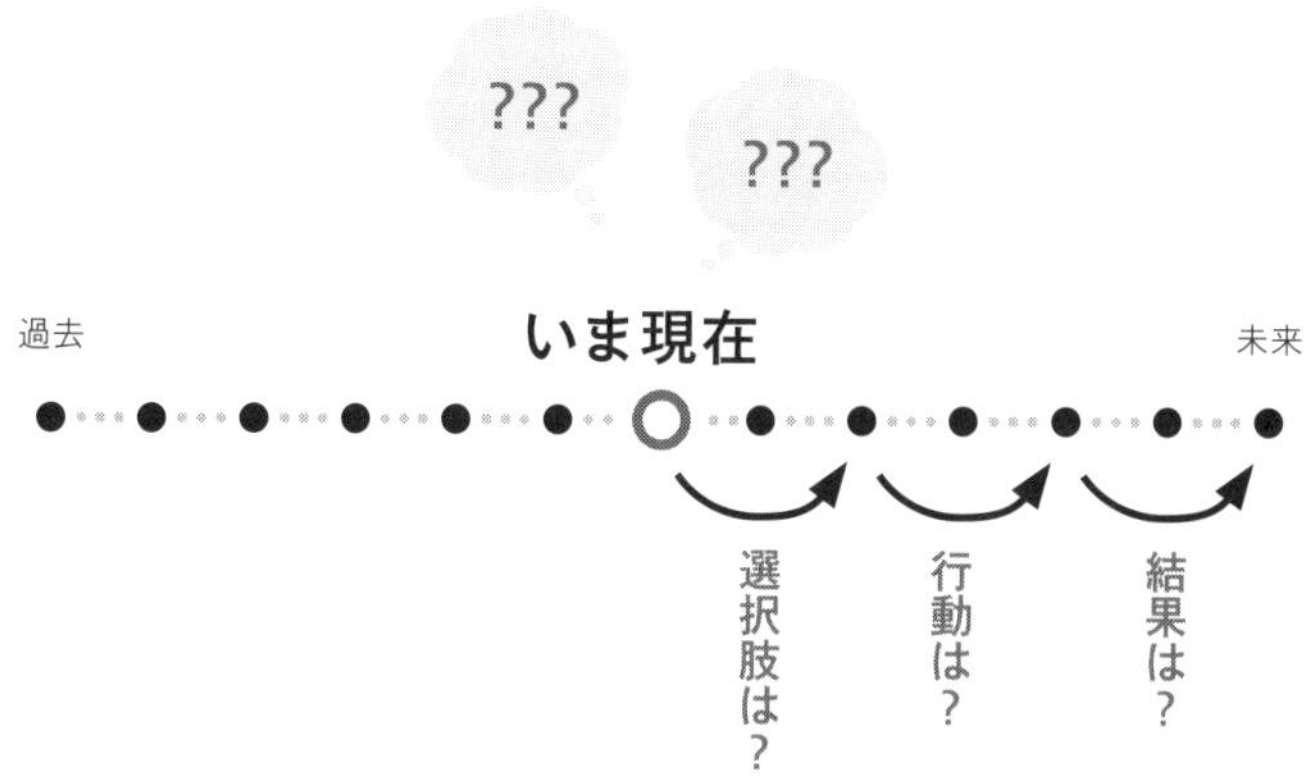

※答えは第6章

応を引き起こす脅威となりえます。

脅威に直面すると、わたしたちの脳が示す選択肢は、攻撃するか、逃げるか、隠れるかです。相手のことを考えるとか、柔軟に対応するとか、創造性を発揮するとか、寛大に振る舞うといった選択肢は吹き飛んでしまうのです。そのような状況にあるときに、わたしたちは望んでいない結果につながる行動をとってしまいがちなのです。

②マインドレスネス

マインドレスネスはマインドフルネスと反対の状態です。人間の行動、思考、感情の90％は無意識的で自動的なパターンに支配されています。頭に浮かんでくるあれやこれやのことに気をとられ、目の前のことにまったく意識がいっておらず、しかもそのことに気がついていない状態です。人間の知覚能力には限界があります。脳はその限られた能力を効率的に使うため、思考や行動をパターン化する傾向があります。

たとえば、朝起きて無意識のうちに歯を磨く、いつも同じ電車の同じ車両の同じ場所に乗る、といったルーティンが生まれるのは、脳にとってそれが楽だからです。一方で、脳のこの性質は「わたしは○○すべき」「あの人はこう思っているに決まっている」といった思い込みも生みます。思考もパターン化したほうが楽だからです。マインドレスになればなるほど、こうした思い込みが入り込む余地が増えていきます。

サバイバル・情動反応とマインドレスネスは、日常的にわたしたちの判断能力を奪い、可能性を狭めています。そして、気づかないうちに望んでいない結果を引き寄せているのです。前者については第４章で、後者については第５章で掘り下げてお話しします。

Column

ドラッカーの「5つの質問」

ピーター・ドラッカーは「マインドフルネス」という言葉は使いませんでしたが、その本質について多くのことを書き残しています。それを読むと、彼はマインドフルネスのプロセスを明確に理解していたことがわかります。

ドラッカーは、「教育を受ける」ことの意味を変える必要があり、人々が「概念と知覚とのバランスを取る」必要があると考えていました。現代社会は思考を訓練することに集中しすぎて、見ることや感じることをないがしろにしているということに危機感を持っていたのです。

ドラッカーは変化がこの世界の大きな特徴であると思っていました。彼の本のタイトル『乱気流時代の経営』または『未来への決断―大転換期のサバイバル・マニュアル』はそのことを反映したものです。物事が変化するにつれて、わたしたちはそれらに適応するために自分自身を洗練させていく必要があります。

ドラッカーは「マインドレスネス」が人間にとってむしろ自然な状態であることも知っていました。しかし、わたしたちはあまりに頻繁に無意識の習慣に頼り、自動操縦の状態で走っていないでしょうか。

彼の有名な「5つの質問」は、マネージャーのマインドレスネスに挑戦するために設計されました。

①われわれのミッションは何か？
②われわれの顧客は誰か？
③顧客にとっての価値は何か？
④われわれにとっての成果は何か？
⑤われわれの計画は何か？

これらは単純な質問のように見えますが、答えるのはとても難しい質問です。彼は最初の質問だけでエグゼクティブと丸一日を過ごし、彼らのビジネスの本質は何かを考えさせることもありました。

感情、文化的拘束、そして無意識の習慣は、すべて人間の認知力を曇らせます。ドラッカーは、マネージャーがより明確に現実を認識する力をトレーニングするように主張しました。トレーニングの結果、彼らは自分の外側で起こっている状態をよりクリアに見ることができるようになり、その過程で、自分自身の行動と結果を振り返り、何が機能していて何が機能していないかに気づいていったのです。

Transform Your Results

Chapter 3

第 3 章

土台をつくる —ストレスと休息—

ストレスには役割がある

この章では、セルフマネジメントを実現させるための土台、特にストレスと休息について、掘り下げていきます。

ストレスは、人間の生活の中で大きな役割を果たしています。そのことに気づいてもらうために、わたしは授業の中でこんな質問をします。

・ストレスを感じていることに、どうやって気づきますか？
・ストレスがあると身体にどんな変化が起こりますか？
・自分の思考、感情、行動、結果に、ストレスはどのような影響をもたらしますか？

ご参考までに、これまでわたしの授業を受けた人の声をいくつか紹介します。

・ストレスにはポジティブな役割とネガティブな役割のどちらもある。ポジティブな面は、新しいアイデアがひらめく、次の行動を始めるきっかけになる、集中力が高まるなど。ネガティブな面は、疲れる、心の余裕がなくなる、視野が狭くなるなど。

・わたしはストレスをネガティブなものと受け止める傾向がある。それによって、思考や行動にも大きく影響している。体調不良を起こしたり、ネガティブな想像がどんどん増大したりする。

・適度なストレスは自分自身が成長する機会だと思う。身体や心の限界を知らせてくれるので、それによって慎重・冷静な行動をとれることもある。一方で、過度なストレスの場合、思考が鈍り、自分を防御する感情や行動が出てくる。他責になったり、誰かが解決してくれないかなと他の人をあてにしたりする。

いかがでしょうか。あなたと似た感覚の答えがありましたか？　人によってストレスに対する感じ方や捉え方は違いますし、思考、感情、行動、結果への影響もさまざまです。共通しているのは、ストレスにはいい面とわるい面があること、ストレスによって仕事のパフォーマンスや人間関係にも影響が出るということです。

ストレスを感じたときは、いつもと何が違うのかに意識を向けてみましょう。こんなふうに自問してみるとよいかもしれません。「何が頭をよぎったか。身体はどんな反応をしたか」。それが前章でお話しした、瞬間から瞬間に意識を向けるということです。

恐れと疲弊、消耗

では、ストレスとは一体何なのでしょうか?

ストレスは人によって受け止め方がさまざまである、というお話をしましたが、「ストレス」という言葉もさまざまな使われ方をしています。「あのプロジェクトはストレスがかかる」「なんだか頭痛もするし体が重いけど、ストレスかなあ」など、精神的な負担や身体的な不調を説明するときに、言葉の意味をそれほど深く考えずにストレスという言葉を使っていないでしょうか。

わたしたちが日常的にストレスという言葉を使う場合、自分の外側で起きる事象に注目しています（この仕事はストレスがたまる。あいつがいるとストレスになる、など）。

ストレスは、「恐れと疲弊、消耗」と捉えることができます。「ストレスを感じる」と言う代わりに、「自分は何を恐れているのか？」という表現に置き換えると、自分でも対処できそうな対象に変わります。同様に、「自分はどのように疲れているのか、なぜ気力や体力を失っているのか？」という表現に置き換えてみると、漫然と「ストレスで何かうまくいかない、なんとなく体が重い」などと言うよりも、具体的に対処できる可能性が高まります。

ストレスとはそもそも、何らかの刺激を受けた心や身体の状態であり、必ずしも「ストレス＝イヤなこと・わるいこと」というわけではありません。ストレスは、人間が進化の過程で身に付けた、生き残りのための自然な反応です。たとえば、外的リスク（外敵や何らかの危険、資源の損失など）は生死が関わる重要なものであり、生きるか死ぬか、勝つか負けるかを決する重大な要素でした。そうした状況下で、大事な役割を担ってきたのがストレスなのです。

ストレスを感じるからこそ外敵の脅威を察知し、戦うか、逃げる、身を伏せる、といった生き延びるための行動を瞬時に取ることができたのです。

ストレスの原因のひとつである恐れをマネジメントするためには、まず「自分の恐れとは何か？」を理解することが重要です。恐れはエネルギーを生み出します。自分が戦う、自分を守る、もしくは、逃げ出すためのエネルギーです。

怖れという感情をきちんと理解して捉えることが、セルフマネジメントの第一歩になります。怖いという感情は自分を守り、生き延びるための大切な反応（リアクション）です。その感情を持ったときに、どんな身体感覚があるのか、どんなことを考えているのか。これらを実感することが、望む結果を生み出す最初のステップになります。

すべての感情には意味がある

わたしは最近、ポジティブな感情、ネガティブな感情、という考え方をやめました。よい感情やわるい感情があるのではなく、すべての感情には意味がある、という考え方に変わったのです。

より大切なのは、「自分の中から湧き出てくる感情が、どのような役割を担っているのか？」を理解することです。すべての感情には行動につながるエネルギーがあります。そう、エネルギーも「情報」なのです。

湧き出てくる感情を選ぶことはできません。それらは間断なく無意識のうちに湧き出てくるからです。無理にコントロールしたり抑えつけたりしようとするのではなく、うまく使うことが大事です。感情（たとえば恐れ）によって、どんな行動が引き起こされるのか、どんなパターンを持っているのか。それによってどんな可能性を閉ざしているのかを、情報として知ることが大切です。

とはいえ、わたしたちは往々にして感情のエネルギーに圧倒されてしまい、必要な情報を見落としてしまいます。

怒りの感情があるとき、そのエネルギーが強いあまり、「本当は認めてほしい」という承認欲求や、「認めてほしいのに認められない寂しさ」などの別のレイヤーにある情報に目が向かなくなってしまうことがしばしばあります。そうなると怒りに身をまかせるしかありません。怒りに身をまかせてしまうと、本来ならあるはずの選択肢が見えなくなり、望む結果は遠ざかっていきます。

感情が湧き起こるのは瞬間の出来事です。ひとつの瞬間にひとつの感情が湧き起こるのではなく、同時発生的に複数層のレイヤーで感情が湧き起こることもしばしばあります。瞬間には多くの情報が詰まっているのです。

感情は解決するのではなく体験するもの

感情が湧き出てきたとき、人が取る反応は大きく分けると次のふたつになります。

①感情を抑える・押し殺す

感情を表に出さずグッとこらえる対処法です。抑制することによって感情が落ち着いているかのように傍からは見えるでしょう。しかし本人からすれば、押し殺した感情が自分の内面に溜まり続け、エネルギーの行き場がなくなるため、徐々に辛くなってきます。中長期的に溜まったエネルギーをぶちまけることになる人もいます。わたしの経験で言えば、日本人に多い対処法です。

②感情を噴出する・ぶちまける

湧き出てきた感情をそのまま外に出す対処法です。自分はすっきりするかもしれませんが、ぶちまけられた相手が痛みや不快を感じる可能性もあります。衝動的な言動によって、人間関係が壊れてしまうリスクもあります。

この2パターンの反応は、真逆に見えてじつは共通点があります。両方とも「自分の感情に向き合っていない」という点です。

ひとつ目の反応は、感情を無視しています。ふたつ目の反応は感情を他者に投げてつけています。いずれにしてもこうした反応には代償が伴います。

でも、安心してください。湧き出た感情をより巧みに扱うために、学んで身に付けられる3つ目の反応の仕方があるのです。

③感情に意識を向ける。抵抗せずに感じる

感情から目をそむけることなく、内面で起きていることをじっくりと感じれば、そのエネルギーは自然と弱まっていきます。その過程では不快な気持ちになるかもしれません。しかし、きちんと感情の波に乗り、それを乗りこなすと、波は緩やかになり、自分も他者も傷つけずにすむのです。

これら3つの方法は、どのように具体的な行動に表れるでしょうか？

感情を押し殺す人は、物事は順調にいっているふりをします。また、本人にとって苦手な人を避け、率直に気持ちを表しません。自分にも他者にも正直になることができないと、意味のある関係を築く力が損なわれ、孤独感と無力感が残ります。

感情を噴出する人の典型は、「怒れるボス」です。パフォーマンスを向上させなければというプレッシャーの下、感情の波に圧倒されてしまい、チームに不満やイライラをぶちまける。その過程でメンバーとの関係を損なってしまいます。

感情の波を上手に乗りこなしている人は、たとえば人間関係で憤りを覚えたとき、自分の身体がその怒りをどのように感じているかに意識を向けます。胃のあたりが重い、息苦しい、といった身体感覚を観察します。怒りを押しのけようとも、否定しようともしません。怒りにのみ込まれたりもしません。ただ「怒っている自分」を受け入れます。「胃の重さ」や「胸の苦しさ」に意識を向けます。そして自分の中で感情が行ったり来たりする波に抵抗せずに乗ります。不快な感覚もありますが、徐々に収まっていくのを感じます。感情が落ち着くと、いまの状況についてより多くの洞察を得ることができ、選択肢が増えています。

３つ目の方法のよいところは、冷静になった結果、より明晰に考えられることです。もちろん、簡単にできることではありませんが、筋トレと同じで、正しい方法で時間をかけてトレーニングをすれば、誰でもできるようになります。

感情は解決するものではなくて、体験するものです。どんな感情も永遠に続くものではありません。感情にそむいたり、衝動的に誰かに押し付けたりするのではなく、感情の流れを感じることが重要です。

感情を巧みに扱うためには、不快な状態の中できちんとその不快さを感じ取り、そのうえで選択肢を見つける必要があります。いわば、「不快なことを不快なまま受け入れられる」ことが大事なのです。感情はあなたの敵ではなくパートナーです。

トラウマと向き合う

感情のマネジメントを探求していくにあたり、トラウマについても少し触れておきましょう。トラウマはある人が危険と認識しているものが、神経系の防衛システムを発動させ、その人自身を圧倒するときに起こります。

トラウマは、自然災害や、交通事故、言葉・身体・性的虐待、暴力だけでなく、スポーツ事故、手術、転倒、そして衝撃的な出来事を目撃したことなどによっても起こります。外側からは判断できなくても、警戒モードに簡単に切り替わるような警報やスイッチが自分の内側にある状態です。トラウマを抱えた人々の中には、喜びや楽しみを感じられなくなっている人もいます。

癒やされないトラウマを持つということがどういうことか、理解することは重要です。というのも、トラウマを持ち続けている人たちにとって、自分自身をマネジメントすることはきわめて困難だからです。理由もなく不安や悲しみを感じる、ある出来事に対して不必要に過剰反応をする、といったことがしばしば起こります。常に緊張していたり、何かよくないことが起こるに違いないというような根深い恐れを感じたりしていることもあります。そこまではないにしても、満足感や幸福感を感じることができなくなっていることもあります。

トラウマがひどくなると、高血圧やがん、代謝の異常、自己免疫疾患、慢性疾患など、身体に影響が出ることもあります。

わたしのクラスに、子どもの頃にいじめにあっていたという学生がいました。攻撃されたときの自然な反応は自分を守ることです。人間に備わっている防衛システムは、いったんスイッチが入ると「もう安全だ」と心から自分自身で体感できるまで、オフになりません。

「自分を守ることができなかった」または「逃げられなかった」という記憶が残っていると、防衛システムはオンになったままです。その結果、不安が続いたり、うつ状態に陥ったりしやすくなります。

いじめにあっていたという学生に、当時の状況を思い出してもらい、授業の中でロールプレイング（実際にその場でやってもらうこと）をしました。頭の中で、いじめが起こる直前の状況に戻ったことを思い描くように彼に言いました。これは実際に起きたこととは違う新しい物語をイメージするためです。

わたしは彼に言いました。

「あなたがいじめっ子に立ち向かうための強みや助けとなるものを思い浮かべてください」

彼は、自分の後ろに友だちや家族が立っているところをイメージしました。こうすることで、彼はひとりではなくなりました。周りの存在が彼を守ってくれているように感じたのです。そこから「自分はしっかりと守られている」という安全で落ち着いた状態を生み出しました。そしてこの状態のまま頭の中でいじめっ子に立ち向かってもらいました。イメージの中で、そのいじめっ子は逃げていきました。

新しいストーリーの中で、彼は自分をうまく守ることができたのです。そこで、彼自身の身体に意識を向けてもらいました。このイメージトレーニングによって、彼の防衛システムはオフになりました。「わたしは自分を守ることができる」と感じることで、表情や姿勢が完全に変わり、こわばっている顔や眉間の緊張がほぐれていきました。久しぶりに彼は心からほっとすることができ、安心感を覚えたのです。

慢性的な不安から解放された彼は、リーダーとしてめきめきと能力を向上させていきました。

ここで、トラウマを癒やすプロセスを少しおさらいしましょう。

- 自分が安全な状態であることに意識を向ける
- トラウマの原因となった出来事（いじめ、交通事故など）が起こった直前の状況をイメージする
- 結果を変える新たな物語を思い描く（味方と一緒にいじめっ子に立ち向かう、車が来る方向をきちんと確認して行き過ぎるのを見る、スーパーマンが来て暴漢から守ってくれる、など）

もしあなたがトラウマから逃げ続けているのであれば、トラウマにとらわれて身動きができなくなるというパターンが繰り返されます（だからトラウマなのです）。

トラウマに対してはきちんと向き合い、癒やすことが大事です。そのためには専門家の力が必要になるかもしれません。この本の最後に参考になるリストを載せておきます。

Practice

プラクティス

グラウンディング

セルフマネジメントの出発点は、いま手にしている結果を情報として捉えることです。そのためには、忙しい毎日の中でさまざまな刺激を受けて高ぶっている自分の神経系を落ち着け、いまこの瞬間に何が起こっているかに意識を向ける必要があります。これは、そのためのエクササイズです。

このエクササイズは、どこでもできます。どこか静かな場所を探す必要もありません。わたしは電車に乗っているときやスーパーで長い列に並んでいるときにもやっています。

人のエネルギーの多くは脳から伝達されますが、そのエネルギーがうまく解放されずに滞留すると疲れや不安が継続し、体調不良やうつなどにつながります。このエクササイズは、エネルギーを身体の下へと持っていって上手に解放することを目的としています。

①まず、居心地のよい場所を探しましょう。

②目を閉じて、椅子に深くもたれかかったり、床に横たわったり、リラックスできる姿勢をとりましょう。リラックスしている状態にいるとき、どのように感じられるか、身体の中で何が起こっているか味わってみてください。立ったままでも大丈夫です。リラックスできる体勢でその状態を味わってください。

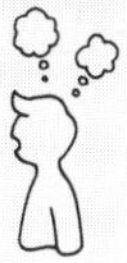

③呼吸に意識を向けてください。自分の呼吸に気づきましょう。頭の中にいろいろな会話が浮かんできます。そのとき身体はどのように感じていますか？　ただ気づくだけで十分です。何も変える必要はありません。

④ゆっくりと、椅子の座面や背もたれに接触している身体の感覚に意識を向けてみてください。椅子が支えてくれているのを感じてください。立っている人は、自分の軸や左右のズレなど、身体の感覚に意識を向けてみましょう。周囲の声や音で気が逸れてしまったら、そのことに気づいてくださ

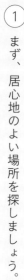

い。そして身体と椅子に支えられている（立っている人は自分の軸に戻る）という感覚に戻ってきてください。

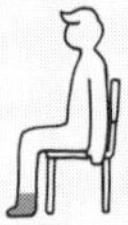

⑤ 徐々に意識を身体の下のほうに向けていきます。腿から膝、膝から足首。そして足首から足の裏へ意識を移してください。足の裏と床（地面）が接触していることに意識を向けてみましょう。床に支えられていることを感じてください。足をぐっと床に押し付けてみてもよいでしょう。

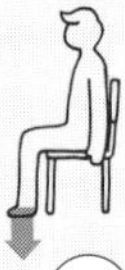

⑥ 足の裏から根っこが生えていると想像してみてください。しっくりこない場合は、座面、足の裏、根っこのどれかひとつに意識を向けてみてください。もしくは、ただ心地よいと思うところに意識を置くだけでもかまいません。

⑦ この瞬間、自分の内側で何が起こっているか気づいてください。どんな変化が起こっているでしょうか？　変化を感じなくても大丈夫です。無理に変化を探す必要はありません。さらに観察を続けてください。自分の呼吸

の深さ、心臓の音、筋肉の緩み具合など、何か変化があったでしょうか？

⑧ 身体の内側に静けさを感じる場所が見つかりましたか。もし見つかったら、そこに意識を向けてください。見つからなくても大丈夫です。

⑨ ゆっくりと目を開けてみましょう。世界はどのように変わりましたか？　変化があったと感じる人は、それを表現するとしたら、どんな言葉、もしくはフレーズが浮かんできますか？

エクササイズはこれで終わりです。クラスの中で実際にやってみた人がどんなことを体験したか、いくつかコメントをご紹介しましょう。

・最初は呼吸が浅かったけど、自分の呼吸に集中してみると、徐々に落ち着いて呼吸が深くなる感覚があった。そして、集中力が増す感覚も感じられた。日頃、呼吸なんて気にしていないけど、意識を向けるだけで集中力が増すのであれば、仕事でも使えると思った。

Practice

・初めのうちは意識が高ぶっていて、集中できなかった。でも足の裏へ意識を向けたらだんだん体が温かくなってくるように感じた。そして、音に敏感になった。最後にゆっくりと目を開けたとき、意識の焦点がピンと合ったような気がした。

・慣れていないので、途中から「これでうまくできているのか？」と不安になった。そのあとはいろいろな余計なことが次々に浮んできた。これでいいのかな、呼吸が浅いかもしれないな、眠たいな……など考えているうちに、時間が経って終わってしまった。

このように、同じエクササイズをしても、さまざまな感じ方があります。一人ひとりの身体は異なりますし、状況もその都度変わるので当然なのですが、わたしたちはそのことを忘れがちです。自分にとって静けさを取り戻してくれる場所、自分が好きな場所は人それぞれであり、その時々で違います。それでいいのです。

大切なことは、このエクササイズを通じて「自分にとって何が心地よいのか」

を知ることです。身体の中で自分が落ち着くと感じるスポットに気づき、そこに自分の意識を向けること。そして、そのときに、どんな変化が起きたのかに気づき続けること。これが大事です。

このエクササイズを行うと、自分の身体の状態は常に移り変わっていることがよくわかります。呼吸が浅くなったり、深くなったり、気持ちがよくなったり、逆に気持ちが悪くなったりするときもあるでしょう。

リラックスするためには数分かかることもありますし、もっとかかるときもあります。これは神経を落ち着かせるために必要な生理学的プロセスです。うまくリラックスした状態をつくれるようになるためには練習が必要なのです。

身体の状態だけでなく、感情も常に移り変わるものです。エクササイズをしている最中、頭の中にはさまざまな思いがよぎっているでしょう。「あのメール返信しなくちゃ」「お腹すいたなあ」「このあとのミーティング面倒だな」「今週末のデート楽しみ」など、頭の中でわたしたちは四六時中、自分の声を聞いています。

その声は、止めようとしても止められません。次から次へと勝手に溢れてくるものだからです。それはわるいことではありません。そのことに気づけばそれでいいのです。

大学院のわたしの授業で、日々のエクササイズとして学生にまずやってもらうのが、このグラウンディングです。自分のストレス（恐れや疲労）に気づき、自分を鎮めるためにこのエクササイズを行います。毎日繰り返していくと「自分の内側に意識を向け、自分の身体にどんなことが起こっているか？」を観察する土台ができてきます。

この訓練の成果を感じられるようになるには、１カ月ほどかかります。

本書ではグラウンディング以外にもいくつかのエクササイズを紹介していますが、グラウンディングはセルフマネジメントの土台づくりに特に役立ちます。

ストレスとパフォーマンスの関係

この章の冒頭で、ストレスとは、恐れと疲弊、消耗であるというお話をしました。
ここで、もうひとつ大事なことをお伝えします。ストレスと生産性についてです。この両者には明確な相関関係があり、そして長きにわたり強く信じられている神話が存在します。

まず、［図表8］のグラフを見てください。これは、わたしが冗談で「がんばれ！がんばれ！がんばれ！グラフ」と呼んでいるものです。戦後の高度経済成長から始まり、いまも日本のビジネスシーンで脈々と信じられているメンタルモデルでもあります。アクセルを踏み続ければ、永遠に生産性は上がり続ける（と信じられている）というモデルです。

製造業がビジネスの主流だった頃、企業がオートメーションを進め、製造ラインを効率化し、人間ではなく機械に仕事をやらせるのであれば、このモデルは通用したかもしれません。人間ではなく、機械に負荷をかけ続ける。機械が稼働し続けるイメージです。

図表8　生産性とストレスの関係（神話）

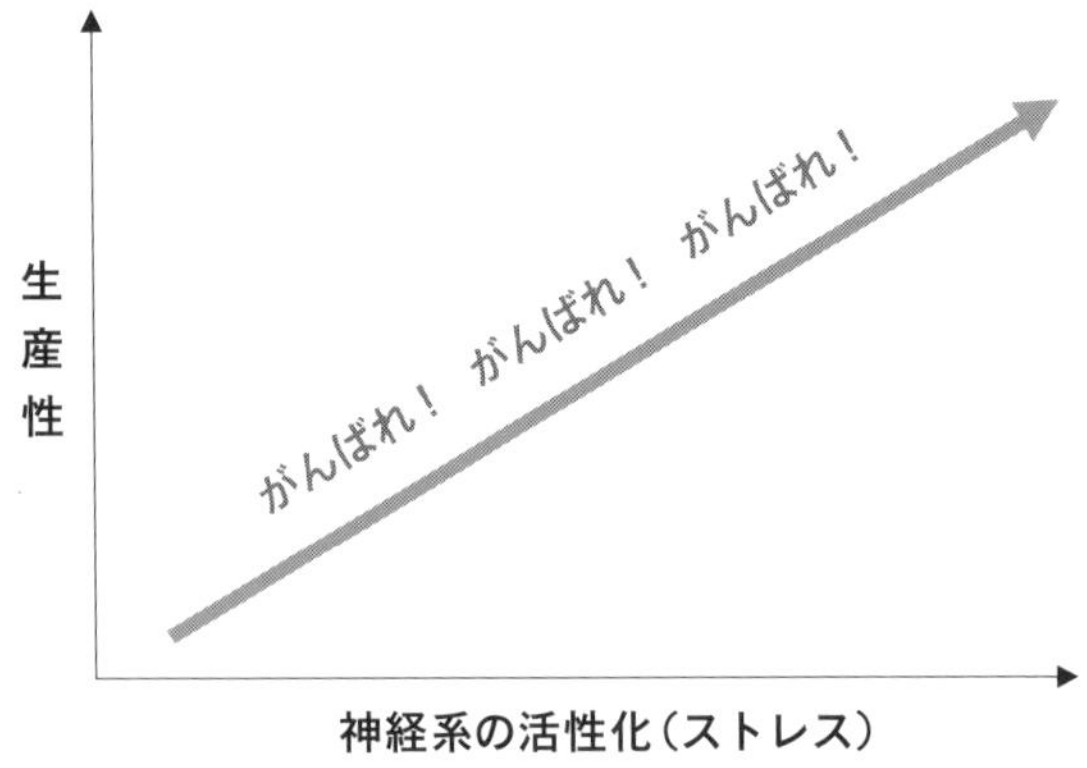

実際、日本のビジネスシーンでは、機械だけでなくて人にもこのモデルが当てはまると思っている人が多いように見えます。つまり、仕事が終わらないのであれば、残業という負荷をかければ（もしくはがんばるように心理的ストレスをかければ）仕事は終わらせることができる、という考え方です。人手が足りないのであれば、いまいる人に負荷をかければなんとかなると思っています。

このモデルは、完全に間違っています。この「がんばれ！がんばれ！がんばれ！グラフ」は人には当てはまりません。実際は、機械にすら当てはまりません。機械もメンテナンスをしないと劣化が早まり、パフォーマンスは落ちます。

図表9　生産性とストレスの関係（現実）

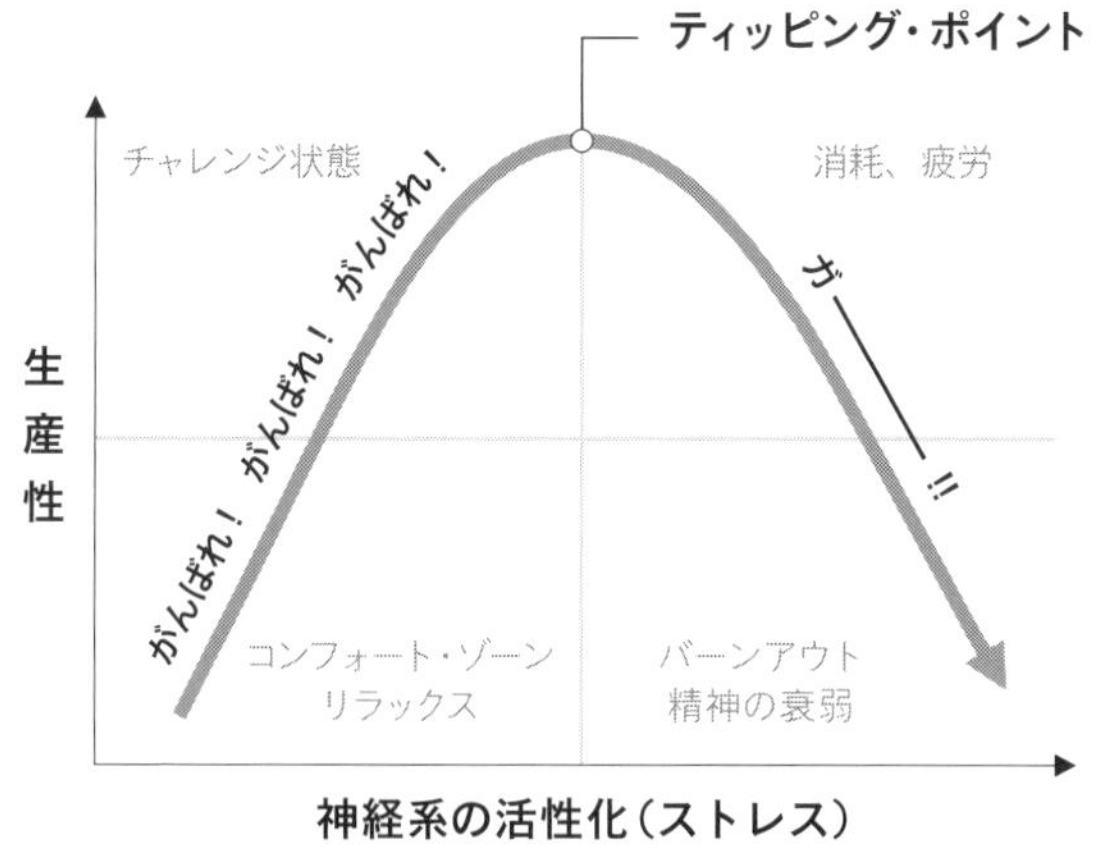

生産性とストレスとの関係は、現実には［図表9］のようになります。

ご自身の体験を思い返してみるとイメージしやすいと思いますが、ある程度まではアクセルを踏んで負荷をかけている状態と、パフォーマンスや生産性には、正の相関関係があります。あるところまでは負荷が高まるにつれて、確かに生産性が上がるのです。

［図表9］でいうと左下は、負荷がない（少ない）状態です。言い換えれば、自分のコンフォート・ゾーン（快適に自分をコントロールできる状態）にあります。このゾーンでずっと仕事をしていると、ストレスは感じませんが、むしろ退屈に思

えてきます。このような、「成長のない状態」では、やがてモチベーションも下がり、生産性も上がりません。

人が成長するためには、チャレンジが必要です。多くの人は適度のストレス状況に置かれることが嫌いではありません。左上のゾーンは、ある程度負荷がかかっているチャレンジングな状況であり、ここにいる人は緊張感を持って、高いモチベーションで楽しくパワフルに何かに取り組んでいます。この状況では、当然ながら生産性は上がります。しかし、この状態にとどまり続けることはできません。それ以降もアクセルを踏み続けていると、負荷がかかりすぎて自分の限界点（ティッピング・ポイント）を超えてしまいます。そうすると人は消耗・疲労困憊し、自分の外にある環境に対して不安や怒りを感じるようになり、パフォーマンスも生産性も下がっていきます。それが右上のゾーンです。その状態でもまだ負荷をかけ続けると、バーンアウト（燃え尽き）や精神の衰弱、うつ病などを引き起こし、人は壊れていきます。右下のゾーンはそのような状態を示しています。

人は左上のゾーンにとどまり続けることはできません。常に結果を求められるトップアスリートにインタビューしてみると、よいパフォーマンスを出すには常に左上のゾーンにいて限界点を目指すのではなく、意識して時々左下のコンフォート・ゾーンに入ることが必要だと言います。つまり、「休む必要がある」ということです。

ここで大事なのは、「自分がどのゾーンにいるのか？」に気づけるようになることです。アクセルを踏んでいない左下のコンフォート・ゾーンにいるのか、アクセルを適度に踏んでいる、チャレンジ状態の左上のゾーンにいるのか。それとも、疲労が重なり、生産性が落ちてきたと感じる右上のゾーンにいるのか。それとも、疲労困憊で何もやる気が起きず、精神的に危険な右下のゾーンにいるのか。

自分がどのゾーンにいるかを認識することに加えて、自分の能力が最大限に発揮されているピークパフォーマンスの状態のときに、どんな感情を持っているのか。身体がどう感じているか。疲弊、消耗しているときはどうか。燃え尽きたときにはどうなのか。というように、感情や身体感覚について認識することも大事です。それができるようになると、自分の限界点がわかります。そして、限界点を超えてしまったときの戻り方を知るきっかけにもなります。

一生懸命働くことはけっしてわるいことではありません。仕事は多くの人にとって人生の意義であり、プライドであり、アイデンティティです。わたしたちは、しばしば仕事を通して情熱を見出します。しかし同時に、わたしたちが生物的な身体の限界を認めようとしなければ、理想とは程遠い身体のコンディションを無意識かつ無理につくり出すことになります。ときには立ち止まって、自問することも大事です。

・わたしたちはなぜ働いているのだろう？
・どんな結果を望んでいるのだろう？
・この会社はどうして存在するのだろう？
・この会社はどこへ向かっていて、どんな世界をつくり出したいのだろう？
・毎日の仕事のうち実際に意義がある仕事はどの程度だろう？
・どのくらい無駄な仕事があるんだろう？
・もっとよい働き方はないだろうか？

戦略的な休息

人は最高のパフォーマンスが出せる状態にとどまり続けることはできません。よいパフォーマンスを出すためには、自分を追い込むだけでなく、心身ともにリラックスする休息が必要です。

日本人はとりわけ休むのが下手だと思います。日本で実施したプログラムの参加者からは「休むことがどういう感覚なのかわからない」「いつどうやって休めばいいのかわからない」という声を何度も聞きました。

心身ともに休まっている状態とはどんな状態か、それがわからないのです。ですから、日本人向けにプログラムを行うときには、いつも以上に「休むこと」について時間を割いてお話しします。

休むことがわからなくなっている状態には、さまざまなパターンがあります。

ある大手企業のマネージャーは、仕事やプロジェクトに翻弄されていて、週末も仕事に出ることが多いと話していました。プロジェクトを成功させなくてはいけないというプレッシャーが強く、休む時間がどんどん削られ、四六時中仕事のことを考えている。それがずっと続いているので、ゆっくり休む感覚を忘れてしまったと言うのです。

家にいても休まらないと言う人もいます。平日は仕事で忙しいため、子育ては妻にまかせきりだという人が、こんなことを言っていました。週末はふたりの子どもと一緒にいて、彼らと遊んで「あげなければいけない」ので休めないと。ちなみにこの人の子育てに対する前提は「子育ては重荷であり、義務であり、大変な作業である」です。結局、仕事の時間も重荷、週末の子育ての時間も重荷であり、休む時間がないということになります。

また、週末に登山やハイキングなどに出かけるアクティブな女性はこんな経験をしています。彼女はアウトドアの予定がないときには、ワークショップやセミナーに参加して、自己研鑽に励んでいるのですが、週明けの月曜日には疲労を抱えたまま出社します。自然の中でリフレッシュしたり、自己の学びを深めたりして充実しているはずなのに、なぜか体が重いと訴えていました。

これらの悩みはすべて、「休むという感覚がわからない」ことからくるものです。「あなたにとって休息とは何なのか」「いつ、どのようなタイミングで休息を取る必要があるのか」「休息の前と後ではどんな変化があるのか」を自分自身に問いかけ、自分なりの休息とは何かを理解することから始めましょう。

休息は、戦略的に取ることが大事です。まず、心身ともに心から「休まっている」状態を知ることが重要です。「自分を癒やす温泉旅行などの休息は、プロジェクトとプロジェクトの合間にできた時間に行くものだ」と考える人は、休息を「終わりのない仕事の間にある小さな報酬」として捉えています。

その休息の役割に対する考え方を変えることはできないでしょうか？

わたしのクライアントのひとりに、一定期間のプロジェクトを終えたら温泉旅行を自分へのご褒美にしているという人がいました。彼女は、「一生懸命働いていた見返り」として休みを取るのだと考えていました。しかし、その考え方に問題があることに彼女は気づきました。

「わたしは、自分のことを研究室のモルモットのように扱っていたんです。成果を出したら餌がもらえる、というように。いまわたしは、逆に考えるようにしています。ちゃんと休んだらよりよい成果が出る、というふうに」

図表10　休息に対する誤解

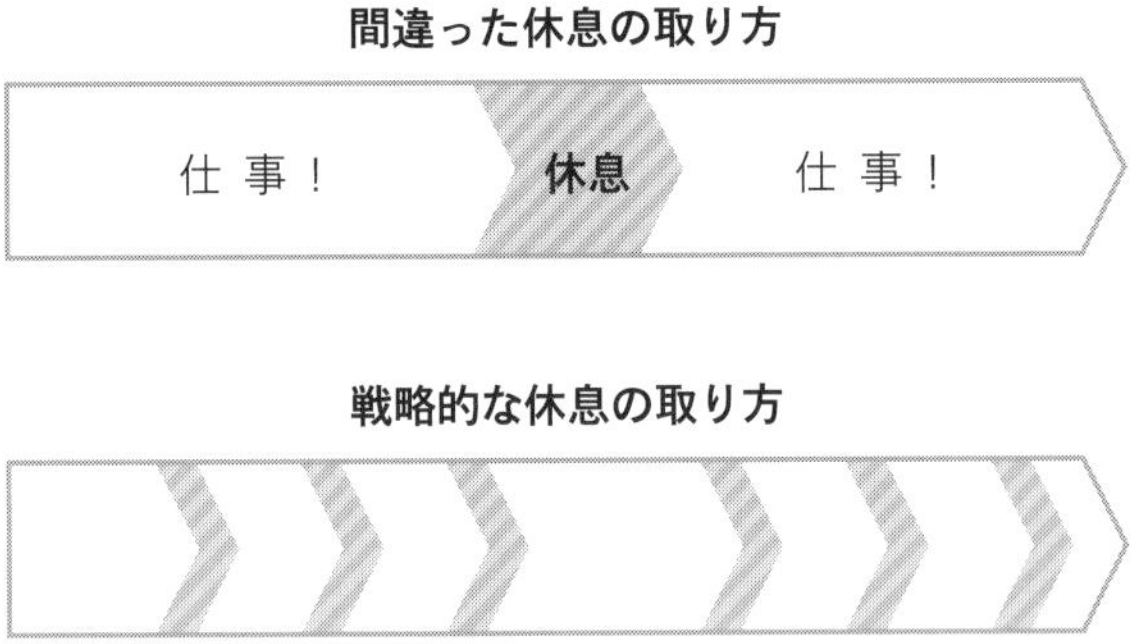

休みは報酬ではなく「パフォーマンスを出すために必要な時間」と考えましょう。すると「休みを戦略的に取る」という発想ができるようになります。

休息はいくつかのレイヤーで考える必要があります。まず、毎日の生活にどのように休息を取り入れるか。そして、週ごとや月ごとでどう休息を考えるか。さらに、中長期的（四半期、半年、1年など）にどう設計するか。

〈参考例〉

毎日　散歩する、熱いお風呂に入る、健康的な食生活を心がける

毎週　3回はジムに行く

半年ごと　週末どこか近場に旅行する
毎年　瞑想リトリート、国内・海外旅行、内観セラピー

どのレイヤーにおいても本来の自分を取り戻し、モチベーションの源泉が得られるような休暇の内容を考えてみましょう。

さきほど例にあげた、アクティブな女性の場合、毎週末アウトドアやワークショップに参加するのではなく、月1回、本当に自分が行きたい場所や、最も興味のあるテーマに絞って参加し、そのほかの週末は思い切って何もしない日をつくるなどすれば、月曜日まで疲れをひきずることもなくなるのではないでしょうか。

Practice

プラクティス
呼吸

わたしたちは通常無意識に呼吸をしていますが、呼吸は自分の状態を知るための大事なツールです。

呼吸はただ酸素を体内に取り入れ、二酸化炭素を吐き出すためのものではありません。交感神経と副交感神経に大きく影響を与えます。交感神経は自律神経のひとつで、活発に活動するときに優位に働きます。副交感神経も同様に自律神経のひとつで、リラックスしているときに優位に働きます。吐くときに副交感神経が働き、吸うときに交感神経が働きます。

焦っているときや怒っているとき、不安や恐れがあるときを思い出してみてください。浅く、短く切るような呼吸になっていませんか？　逆に安心しているときやリラックスしているときは、深くゆったりとした呼吸になっているのではないでしょうか。このように呼吸は感情とともに変化します。

副交感神経を優位にするためには、深くゆっくりとした呼吸を心がけます。息を吸うときはできれば鼻呼吸をおすすめします。口ではなく鼻から酸素を吸いこむことによって、脳に供給される酸素量が大きく増えます。供給される量が増えるということは、脳の活性化にもつながります。当然、体中に行きわたる新鮮な酸素量も増えます。

息を吐く時間を吸う時間より長くすると、より深くリラックスできます。5秒かけて鼻から息を吸い、10秒かけて今度は口からゆっくり吐き出してみてください。これを5分やってみたら自分自身に何が起こるでしょうか? 慣れてきたらその時間を10分、15分と延ばしてみてください。そして自分に何が起こるか、感じてみてください。

いつもは無意識にしている呼吸を意識的にするだけで、大きなメリットが得られます。

Column

「正しいやり方」が正しいとは限らない

わたしはドラッカー・スクールで多くの日本人留学生を教えてきました。また、日本でも多くの受講生と接しました。観察してわかったのは、日本人は集中力が平均して高いということです。実際、日本の優れた文化的特質のひとつは、「何かを意識する力」であり、それは、洗練された美的センスを生み出しています。これが日本文化を際立って貴重なものにしています。

一方で、日本人の多くは「自分自身の身体の内側で何が起こっているか？」に対してきわめて鈍感です。自分が何を感じていて、どのような感情を持っていて、どんな身体感覚があるのかをしっかりと捉えて言語化できる人にわたしはほとんど会ったことがありません。

なぜそうなのか。

日本人は子どもの頃から、そして大人になっても、「あなたはいま、何をどのように感じていますか」「あなたの身体はどのように反応していますか」といった問いかけをされないのではないでしょうか。

日本には「正しいやり方」が日々の行動を決定する文化があるように思います。自分がどのように感じているかを理解することよりも、「正しいやり方」であるかを気にしているように見えます。しかし、正しいとされているやり方が、本人の感情と合っていない場合もあるのです。

日本人に限らず、多くの人は、常に自分の内側ではなく外側に注意を向けて行動しています。言い換えれば、「自分以外の誰かから期待された役割」を演じているのです。「わたし自身がどう感じているか？」ではなく「あの人はわたしについてどう感じているか」のほうを気にかけるのです。その結果、自分の内側で起きていることについては重度の不感症になってしまう。

これに関してはアメリカ人も同じです。『ＥＱ ２・０「心の知能指数」を高める66のテクニック』（トラヴィス・ブラッドベリー、ジーン・グリーブス著）で紹介されているリサーチによると、ある瞬間に自分が感じていることを言語化できるアメリカ人は3人にひとりだそうです。日本人の場合はどうなのか、調べたらきっと興味深い結果が出るでしょう。

Transform Your Results

Chapter 4

第 4 章

神経系のマネジメント

第2章で、セルフマネジメントの概要を紹介しました。そして、第3章ではその土台となるストレス（恐れと疲労・消耗）と、戦略的休息についてお話しました。この章では、望んでいない結果をもたらす原因のひとつである、サバイバル反応や情動反応について深めていくとともに、それらをマネジメントする方法を学びます。

ある状況下で怒りが止められず、周囲の人にイライラをぶつけてしまったことはありませんか？　もしくは、提案書の提出日になってもやるべきことが終わっておらず、デスクの前に座って作業をしようとするものの、不安や焦りで頭が支配されてしまい、一向に仕事が進まないことはないでしょうか？　もしかしたら、その夜は寝返りを打ちながら眠れない夜に苦しみませんでしたか？

逆に、エネルギーがなくて眠れないということはないでしょうか。疲れ果てて何もする気が起きない、モチベーションが湧かずベッドから出たくない、人に会いたくない、などと思ったことはありませんか？　しなくてはいけないことがあるのに、行動に移すためのエネルギーが出ないことは？

逆に、思っていた以上のパフォーマンスを出すことができて、とても気持ちがよく、エネルギーに満ち溢れているときもあるでしょう。周囲の人たちとの繋がりを感じ、困難があっても乗り越えられそうな自信を感じていることもあるでしょう。

郵便はがき

おそれいりますが
63円切手を
お貼りください。

1028641

東京都千代田区平河町2-16-1
平河町森タワー13階

プレジデント社

書籍編集部 行

フリガナ		生年（西暦） 年	
氏　　名		男・女	歳
住　　所	〒 TEL　　（　　）		
メールアドレス			
職業または学校名			

ご記入いただいた個人情報につきましては、アンケート集計、事務連絡や弊社サービスに関するお知らせに利用させていただきます。法令に基づく場合を除き、ご本人の同意を得ることなく他に利用または提供することはありません。個人情報の開示・訂正・削除等についてはお客様相談窓口までお問い合わせください。以上にご同意の上、ご送付ください。

<お客様相談窓口>経営企画本部 TEL03-3237-3731

株式会社プレジデント社　個人情報保護管理者　経営企画本部長

この度はご購読ありがとうございます。アンケートにご協力ください。

本のタイトル

●ご購入のきっかけは何ですか?(○をお付けください。複数回答可)

1 タイトル　2 著者　3 内容・テーマ　4 帯のコピー
5 デザイン　6 人の勧め　7 インターネット
8 新聞・雑誌の広告（紙・誌名　　　　　　　　　　）
9 新聞・雑誌の書評や記事（紙・誌名　　　　　　　）
10 その他(　　　　　　　　　　　　　　　　　　　)

●本書を購入した書店をお教えください。

書店名／　　　　　　　　　　　　（所在地　　　　　）

●本書のご感想やご意見をお聞かせください。

●最近面白かった本、あるいは座右の一冊があればお教えください。

●今後お読みになりたいテーマや著者など、自由にお書きください。

どうもありがとうございました。

これらすべての状態は、神経系の活性化のパターンと関連しています。このパターンを理解すると、あなたはもっと上手に自分をマネジメントできるようになります。

それではまず、神経系についてお話ししましょう。

交感神経と副交感神経

ここでいう神経系とは、主に自律神経のことを指します。神経系の役割は3つあります。

①身体感覚から情報を取る
②この情報を過去の経験（情報）から判断し、同化する
③身体を通して反応する

たとえば、ジューシーで熱々のハンバーガーが目の前で調理され、それにかぶりつく

までの間に起きることを考えてみましょう。まず、光の波が目の網膜に触れてハンバーガーの美味しそうな焼き色の情報が脳の視覚を司る部分に送られます。ハンバーガーを焼くジュージューいう音波は鼓膜に触れて吸収され、脳の聴覚を司る部分に送られます。美味しそうな匂いが鼻腔から吸収され、脳の嗅覚を司る部分に送られます。そしてガブッとかぶりついたときの肉のうま味は、味蕾を通じて情報として脳の味覚を司る部分に送られます。

神経系を通じてさまざまな情報を受け取った脳は、この一連の体験を「ハンバーガーは美味しい！」と意味付けます。そして、エネルギーを動員し、「もっと食べたい！」「また食べるぞ！」という反応を引き起こします――ここまで読んでハンバーガーを食べたくなりましたか？

このように神経系は、自分と外の世界をつなぐゲートウェイの役割を果たしています。そこから、わたしたちはいま何が起こっているかを理解し、行動につなげるのです。しかしながら、神経系は、いつも受け身で理性的なわけではありません。神経系のコンディションは、あなたがどのように物事を受け取り、理解し、行動を起こすかということに影響するのです。

図表11　交感神経と副交感神経

交感神経	器官	副交感神経
大きくなる	瞳孔	小さくなる
少なくなる	唾液	多くなる
脈が速くなる	心臓	脈が遅くなる
拡張する	気管	収縮する
上昇する	血圧	下降する
消化を抑える	胃腸	消化を促進する
速く浅くなる	呼吸	ゆっくり深くなる
グリコーゲンが分解される	肝臓	グリコーゲンが合成される
増加する	発汗	減少する
拡大する	膀胱	縮小する
緊張する	筋肉	弛緩する

自律神経には、交感神経（活動・緊張・ストレスの神経）と副交感神経（回復・休息・リラックスの神経）があります。

交感神経（［図表11］の左側）は車のアクセルと同じ働きをします。アクセルを踏むとエンジンの回転数が上がってスピードが出るように、交感神経はエネルギーを高め、周囲の状況に素早く反応し、身体を活性化させ、緊張状態をつくります。

たとえば、仕事やスポーツや勉強など、活動しているときは常に交感神経が優位に働いています。緊張状態やストレスを感じているときも、この交感神経が働いています。心拍数が上がり、呼吸が浅くなり、アドレナリンが分泌されます。もちろんこれは生きるために必要なことなので、よい・わるいで判断するものではありません。

一方で、副交感神経（［図表11］の右側）は車のブレーキのようなものです。エネルギーを低下させ、落ち着かせます。リラックスしているときや、睡眠、休息しているときには、副交感神経が優位に働いています。血流が増加し、心拍数が安定するとともに、内臓の働きが活性化し、新陳代謝が進んで疲労を回復させます。呼吸が楽になったり、筋肉の緊張がほぐれたりする感覚です。

前章でご紹介したグラウンディングのエクササイズは、この副交感神経を優位にするためのエクササイズともいえます。

人のバイオリズムは、ある状態でずっと安定しているわけではありません。「覚醒（アクセル）」と「鎮静（ブレーキ）」の間を行ったり来たりして常に変化しているのです。

微細な身体感覚の変化に気づく

交感神経が優位に働いているときと、副交感神経が優位に働いているときとでは、身体感覚がかなり違います。しかし、それを意識しなければ単なる体調の良し悪しとしか感じられません。その違いを感じるためには、微細な身体感覚の変化に気づく練習が必要です。

あなたが「ストレス（恐れ、疲労・消耗）を感じている」と言うとき、具体的に身体は何を感じているのか、できるだけ詳しく説明してみてください。これは、交感神経が優位になっているときの状態です。たとえば次のような感覚はあるでしょうか。

・胸が詰まる
・呼吸が浅く、息苦しくなる
・心臓がバクバクする
・胃が縮みキューッとなる
・首や肩が緊張でこわばる
・こめかみあたりが重くなり、頭が痛い
・あごの周りがこわばる
・目の周りが重くなる
・目の周りが軽くけいれんする
・腕（肘の下あたり）がこわばり、だるくなる
・膝の裏側がだるくなる
・周りが見えなくなる（視野が狭くなる）
・手が冷たくなる
・手の感覚がなくなる
・手のひらに汗をかく
・視点が定まらない

また、そのときの感情を具体的に説明してみましょう。たとえばこのような感情です。

・不安
・フラストレーション
・イライラ
・恐れ
・怒り

では次に、ストレスやプレッシャーがなく満たされているとき（愛する人と一緒にいる時間や、仕事がとてもうまくいっている瞬間）を思い返し、さきほどと同様にどのような身体感覚や感情があるかに意識を向けてみましょう。これは、副交感神経が作用している状態です。

さまざまな状態や行動がありますが、一般的には、周りとつながっている感覚が生まれ、何があっても大丈夫という気持ちになります。

・エネルギーに溢れている
・「フロー状態」に入っている
・集中力がある
・適応力がある
・イノベーティブである
・周りとつながっている感覚がある
・前向き
・リラックスしている
・暖かさを感じる
・オープンな感覚がある
・クリアな感じがする
・調和していて穏やかな感覚がある
・健康的
・軽やかさがある
・守られて安全な感じがする
・自由さを感じる

・自然に笑顔になる

そのときの感情を説明してみてください。たとえば次のような感情ではないでしょうか。

・ハッピー
・楽しい
・満足
・喜び
・平和
・前向き
・嬉しい
・愛情
・感謝

満たされているときの感覚と、ストレスを感じているときの感覚はまったく違います。

満たされているときには、多くの人が幸福感や身体的・心理的健康、周りとのつながり、モチベーションが高まるなど、前向きなエネルギーに満ちています。穏やかさや、生きていることに対する感謝や満足などもあり、可能性が開ける感覚や視野の広がりを感じ、新たな機会に目が向いています。

このように、いざ自分の身体に意識を向けてみると、じつにさまざまな感覚があることがわかります。その感覚についてほかの人と話し合ってみましょう。人によってその感覚が全然違うことがわかります。自分の身体感覚や感情としっかり向き合い、いまここで起きていることに気づけるようになると、その気づきが新たな選択肢を生み出すきっかけになります。

それができるようになるためには、毎日ほんの少しの時間だけでも、自分自身に意識を向けてみることです。一緒に探求する仲間を探して、サポートし合う体制をつくることもおすすめです。

図表12　レジリエンス・ゾーン

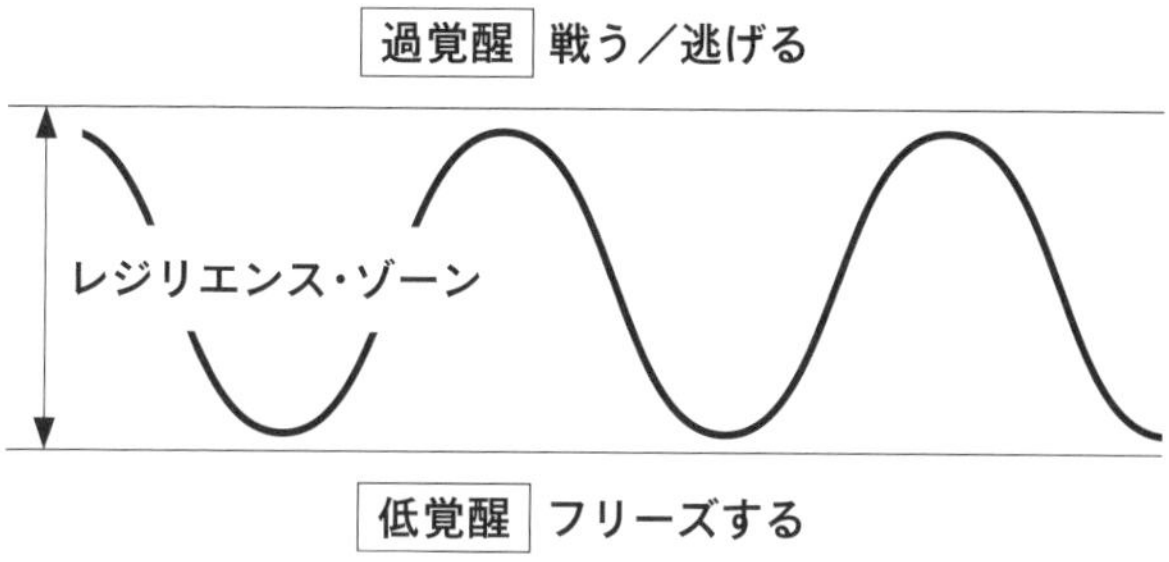

過覚醒と低覚醒

　ここまで、交感神経と副交感神経の神経系について基本的な考え方を紹介しました。ここからは、これらの神経系がどのように機能するかについてお話しします。

　交感神経と副交感神経が限界を超えてバランスを崩した場合、一体どうなるのでしょうか？　逆に、両方がバランスを保っているときにはどうでしょうか？

　次の3つのゾーンを理解することによって、神経系がどのように動いているかを自分で観察できるようになります。

図表13　レジリエンス・ゾーン（グリーン・ゾーン）の中にいる状態

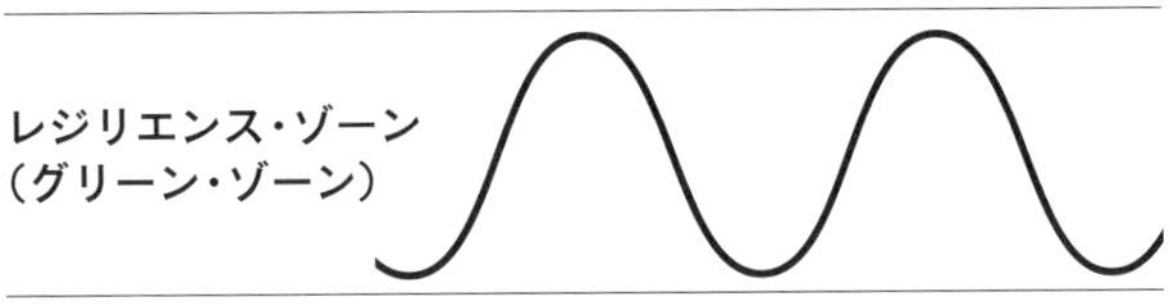

- よく眠れる
- リラックスしている
- 自信に満ちた
- 落ち着いている
- 広い視野を持つ
- ユーモアがある
- 柔軟な
- 穏やかな
- 我慢強い
- 安全を感じる
- 広々とした感じ
- つながる
- 好奇心がある
- 美しい
- 気楽な感覚
- 適応しやすい

①レジリエンス・ゾーン

交感神経と副交感神経が最適なバランスにある状態です［図表13］。レジリエンスとは、何かうまくいかないことが起こったときや、傷ついたり失敗したりしたときに、そこから立ち直って元の状態に戻る力のことです。「充実した人生」とは、このゾーンの中にできるだけ長くとどまれる人生だとわたしは思います。

このゾーンの中にいるとき、わたしたちは自分自身をうまく扱うことができます。好奇心に満ちて、適応力があり、自分をコントロールできている状態です。怒っていたり、不満があったり、何かに我慢ができなかったとしても、このゾーンの中にいれば、あなたはその状態を的確にマネジメントできるのです。

俯瞰して物事を見たり、困難の中でもユーモアを見出したりもできます。わたしはこのゾーンを「グリーン・ゾーン」とも呼んでいます。

セルフマネジメントのひとつのゴールは、このレジリエンス・ゾーンから出てしまったときに、そのことをきちんと認識し、自力で元に戻ることができるようになることです。そして、より長くこのゾーンの中で生きていけるようになるために、時間をかけてゾーンの幅を広げていくことです。

人はもともとレジリエンス（立ち直る力）を備えています。レジリエンス・ゾーンにいるときには、その力が十分に発揮される状態です。以下のような表現が当てはまるとき、あなたはレジリエンス・ゾーンにいるといっていいでしょう。

・リラックスしている
・落ち着いている
・柔軟である
・穏やかである

・視野が広い
・自信がある
・適応力がある
・安心している
・安全と感じている
・自分や周りにスペースを感じる
・集中できる
・しなやかである
・好奇心が湧く
・楽しい
・気分が軽い
・ユーモアがある
・辛抱強い
・よく眠れる

あなたはいま、レジリエンス・ゾーンにいるでしょうか。いるとしたら、いまの自分の身体感覚や感情はどうなっていますか？

もし、レジリエンス・ゾーンにいないのであれば、上記のような状態にあったときのことを思い出してみてください。そのときの身体感覚や感情はどのようなものでしたか？

後ほど説明していきますが、これらの情報は大きな意味を持ちます。

②過覚醒ゾーン

次に、ふたつ目のゾーンについて説明します。これは、アクセルを踏み続けてレジリエンス・ゾーンの天井を超えた状態です。これが「過覚醒ゾーン」です〔図表14〕。わたしは「レッド・ゾーン」とも呼んでいます。

思い出してみてください。あなたがグリーン・ゾーン（レジリエンス・ゾーン）にいるときは、怒りやフラストレーションがあっても、自分の行動をマネジメントできる状態です。ところが、レッド・ゾーン（過覚醒ゾーン）にいるときは、神経系が限界以上に活性化されています。操縦不可能な状態です。ここでは感情が行動を支配して、そこから何かしらの結果（往々にして望んでいない結果）を生み出すことになります。交感神経が過度に働き、サバイバルのために身体が「戦うか、逃げるか」の状態になっているのです。

図表14　過覚醒（レッド・ゾーン）の中にいる状態

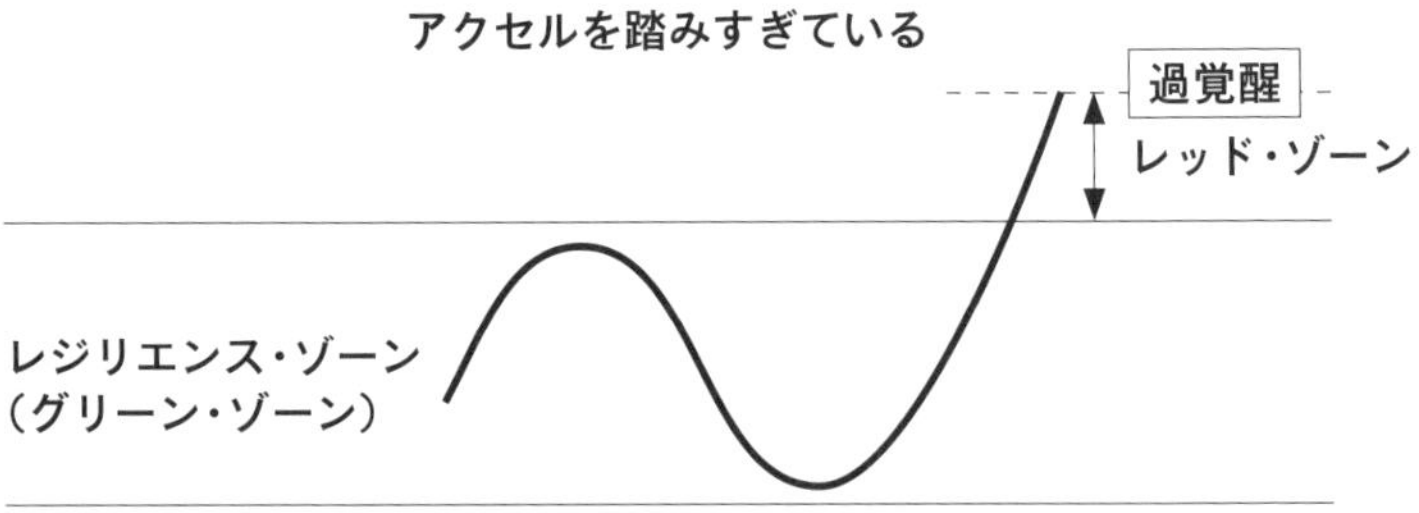

- 過敏
- パニック
- 怒り
- 強い警戒心
- 心拍数の増加
- 不安や心配
- 筋肉の緊張
- 眠れない
- リラックスできない
- フラストレーション
- 不安の連鎖
- レーシング思考
- 慢性的な苦しみ・痛み
- 過度な高揚感
- 遅くて浅い呼吸

これは、第2章で取り上げた、自分の理性が、怒り、焦り、不安、恐れといった強い感情によって一時的に働かなくなってしまう状態です。何かに脅威を感じたときの恐れや不安といった感情は非常に強いものなので、通常わたしたちはなすすべもなく振りまわされてしまいます。しかし、神経系の仕組みを知れば、対処は可能になります。

　過覚醒ゾーンにいるときの状態は次のような言葉で表現されます。

- 神経が過敏になっている
- パニック状態にある
- イライラ／怒り
- 警戒心が解けない

・心臓がバクバクしている
・心配事が頭の中をグルグル回っている
・身体がこわばって緊張状態にある
・興奮状態が続きリラックスできない
・眠れない
・息や脈が速く荒い

過覚醒は、自分の身を守り、生存するための重要な生理反応です。神経を尖らせて集中し、敵から身を守ったり、危機を回避したりすることは、かつては人間が生存するために必要な反応でした。ただ、日常における生存の危機が減った現代では、多くの場合、過剰反応になってしまうのです。

ここで、さきほどと同じように、少し身体に意識を向けてみましょう。あなたが前ページのような状態にあったときのことを思い出してみてください。

そのときの身体感覚はどうでしたか？　どんな感情を経験しましたか？　どんな物語が頭の中に浮かびましたか？　できるだけ詳しく書き出してみてください。ひとりでやるよりも、パートナーやグループでやると、より多くの気づきがあるでしょう。

前章で出てきた、感情をコントロールできない「怒れるボス」を覚えていますか？　このタイプの人が爆発するのは、レッド・ゾーンにいるときです。チームメンバーの生産性やモチベーションを高めたいときに怒りや脅しを使うのです。しかし、ボス自身はそれが部下の恐れにつながっていることをわかっていません。部下たちはボスの要求に従うかもしれませんが、それはひとえにボスの爆発から逃げるためです。

もしボスが自分もグリーン・ゾーンにとどまりながら、チーム全体がグリーン・ゾーンにいられるようサポートするならば、そのチームのパフォーマンスが素晴らしい形で変化する可能性が高まります。

あるプログラムの参加者は、この過覚醒ゾーンにずっといた時期があると話していました。そのときは眠れず、睡眠不足が続いていましたが、彼女はなんとその状態を「ラッキー」とすら思っていました。なぜなら、眠れないで起きている時間をほかのことに使えるからです。

しかしその状態は長くは続きませんでした。彼女はその後、次に説明する低覚醒ゾーンに一気に落ちていき、会社に行くこともできなくなって休職してしまったのです。

図表15　低覚醒（ブラック・ゾーン）の中にいる状態

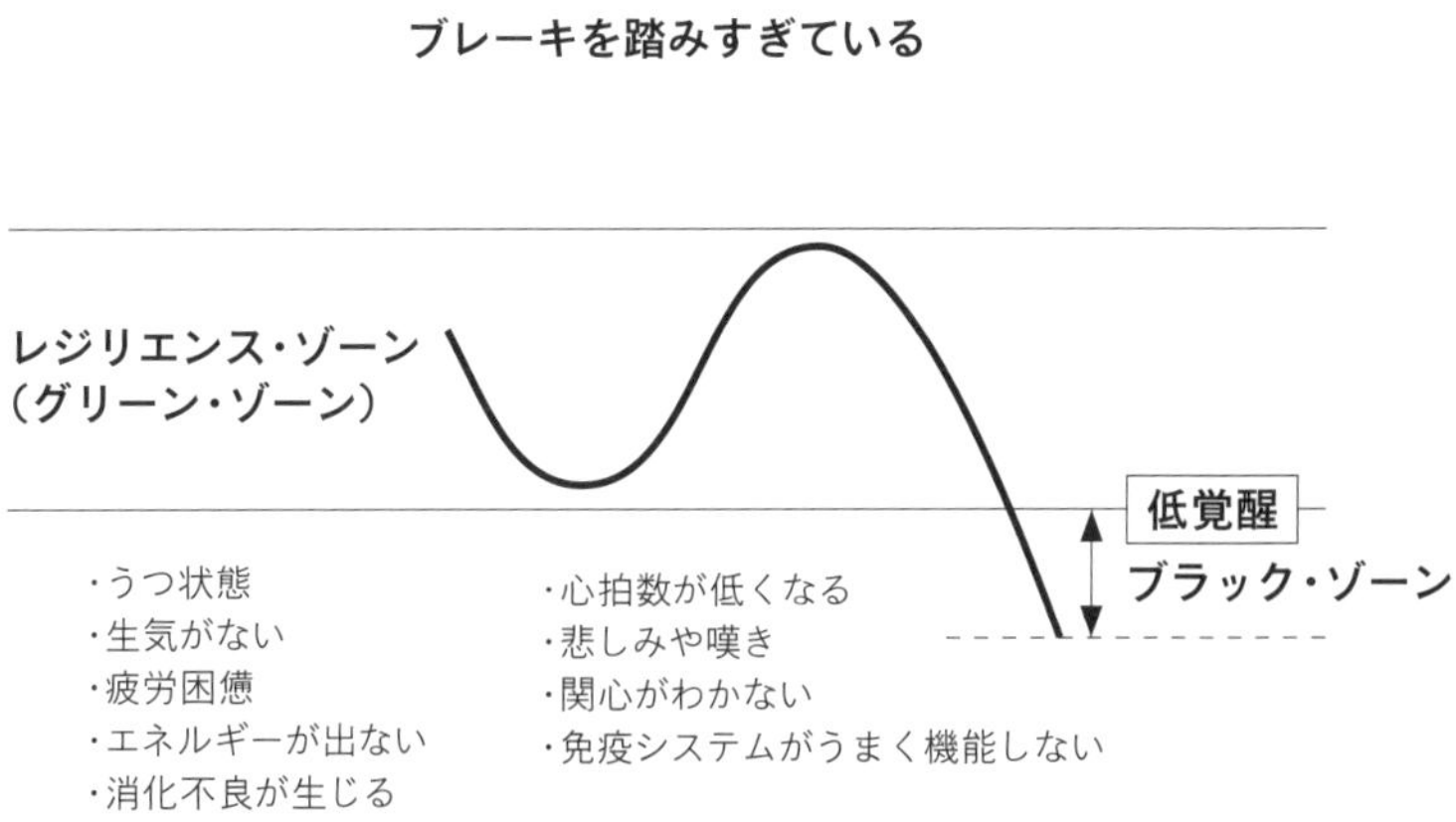

③低覚醒ゾーン

3つ目のゾーンは、ブレーキを踏み続けてエネルギーが不足している状態です［図表15］。レジリエンス・ゾーンを下に突き抜けた「低覚醒ゾーン」です。ひきこもりやうつの状態の人たちは、このゾーンにいます。このゾーンにいる人は無意識のうちに自分で刺激に制限をかけています。わたしはこのゾーンを「ブラック・ゾーン」と呼んでいます。

低覚醒ゾーンにいること自体は、わるいことではありません。低覚醒も過覚醒と同様に、人が生存するために必要な反応なのです。ただ、ここにとどまり続けることは問題です。この状態になると心拍数は一気に下がり、頭が働かなくなり、体も文字どおりフリーズします。無力感に支配され、何をやっても現実感がなくなります。低覚醒ゾーンを言葉で説明すると、以下のようになります。

・人と会いたくない
・人に連絡できない
・外に出たくない
・憂うつ
・生気がない・エネルギーが湧かない
・疲労困憊
・悲しみが止まらない
・何にも関心が湧かない
・断絶感や絶望感
・何事にも消化不良を感じる
・心拍数が低い
・免疫力が低下している

ここまで、レジリエンス・ゾーン（グリーン・ゾーン）、過覚醒ゾーン（レッド・ゾーン）、低覚醒ゾーン（ブラック・ゾーン）の3つの領域について説明してきたのは、自分のいまいる場所がわかるようになるためです。

人は多くの場合、過覚醒ゾーンに入っていることや低覚醒ゾーンに入っていることに気づいていません。自分の状態についてなんとなく（すごく）調子がいい、なんとなく（すごく）調子がわるい、といった程度の説明しかできないのです。

しかし、いま自分は「過覚醒ゾーンにいるかもしれない」「低覚醒ゾーンにいるかもしれない」といった気づきがあると、レジリエンス・ゾーンに戻るための具体的な対策が立てられるようになります。

ここで覚えておいてほしいことがあります。誰しもレジリエンス・ゾーンから外れることがありますが、むしろそれが普通だということです。それは神経系が反応した結果です。自分の生存のために過覚醒になるとか、これ以上ブレーキを踏み続けると壊れてしまうので、それらを伝えるために身体がシグナルを出しているなど、そこには何らかの意味があります。ただ、気をつけなくてはならないのは、誤作動によって意味のない反応も起こりうるということです。

図表16　3つのゾーンまとめ

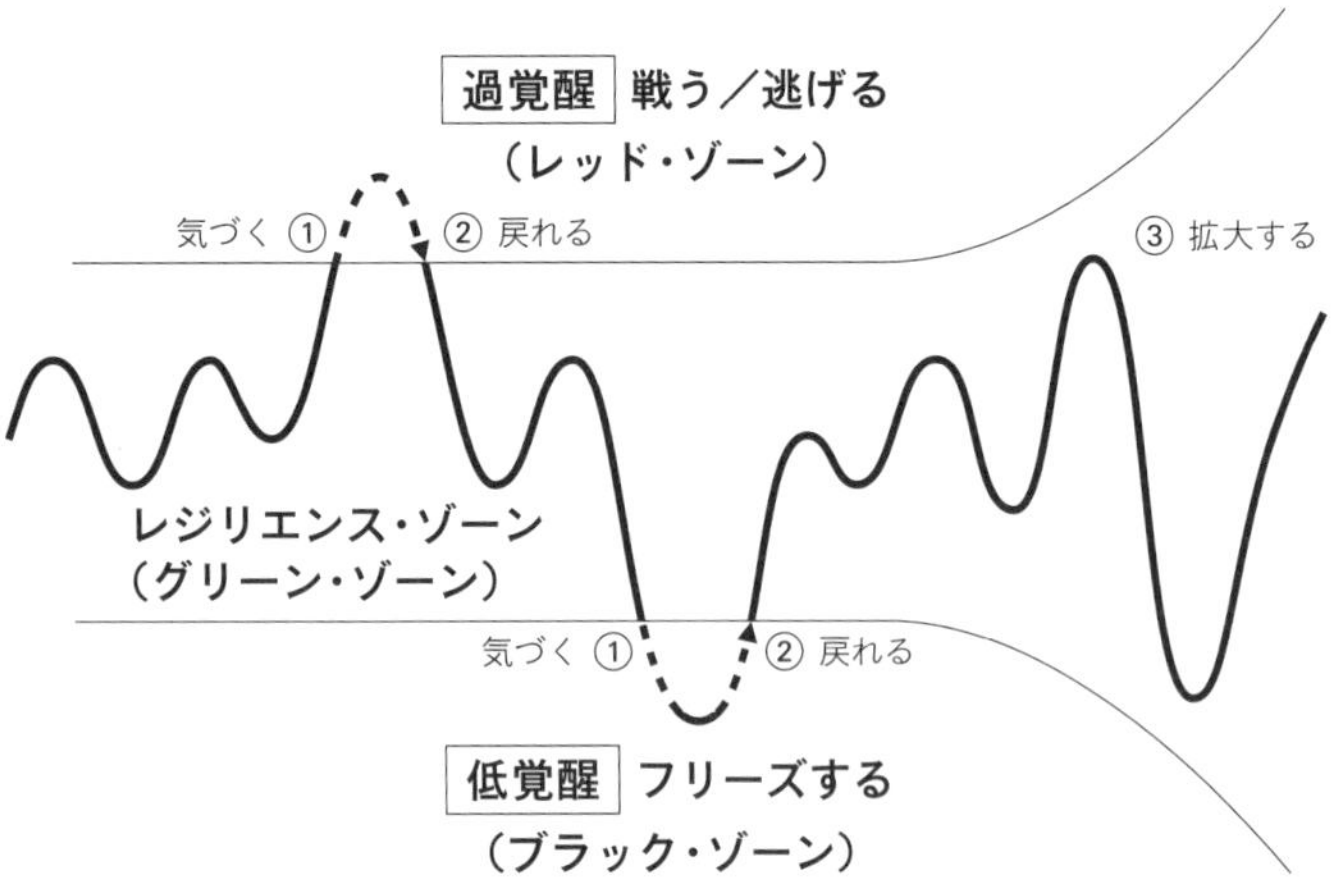

常にレジリエンス・ゾーンにいる人はいません。もしあなたがずっとレジリエンス・ゾーンにとどまっていると感じているとしたら、それはチャレンジをしていないということかもしれません。チャレンジがなければ人は成長することはできません。

また、レジリエンス・ゾーンの幅は人によって異なります。ゾーンが広い人もいれば、極端に狭い人もいます。レジリエンス・ゾーンから外れてもすぐに戻ってこられる人もいますし、なかなか戻ってこられない人もいます。

ここからはレジリエンス・ゾーンに戻るための練習です。何度も繰り返し、このゾーンに戻ってくる過程でどんな身体感覚や感情の変化があるのか、に意識を向けてください。練習を続けていると、次第に自分自身のレジリエンス・ゾーンが広がっていきます。

自分のレジリエンス・ゾーンを理解する

ではここでいったん立ち止まって、自分自身に目を向けてみましょう。下記の問いに答えてみてください。

- 自分がどのゾーン（レジリエンス・ゾーン、過覚醒ゾーン、低覚醒ゾーン）にいるか、気づいていますか？
- レジリエンス・ゾーンにいるとき、またそこから出たときはどんな状況・状態でしょうか？
- レジリエンス・ゾーンから出たときの戻り方を知っていますか？
- 自分の部下や組織のメンバー、家族はレジリエンス・ゾーンにいますか？

・彼ら／彼女らがレジリエンス・ゾーンにいる（あるいはいない）とき、どんな状況・状態でしょうか？
・なぜ、彼ら／彼女らはレジリエンス・ゾーンにいられないのでしょうか？
・あなたや彼ら／彼女らがレジリエンス・ゾーンにいられない状態は、ある期間内（日、週、月、年）にどのくらいありますか？

これらの問いを考えてみて、どんな発見がありましたか？

それでは、実際にこのエクササイズをやってみた人がどんなことを体験したか、いくつかコメントをご紹介します。

・レジリエンス・ゾーンにいるときは、集中力が増していて頭がクリアになっている感じがする。自分の仕事がはかどるし、人の話にきちんと耳を傾けられる。部下にイライラすることもなく一緒に解決策を考えることもできる。
・お客様とのミーティングで、レジリエンス・ゾーンにいるときは（緊張感はあるももの）焦らずパニックにならずに対応できている。しかし、ひとたびレジリエンス・ゾーンを出てしまうと、言動が支離滅裂になり、どんどん焦りが強まってしまう。

・過覚醒ゾーンと低覚醒ゾーンの間をずっと行ったり来たりして、会社に行けなかったことがある。怒りやイライラが続いたと思うと、その反動で何もやる気がなくなり、外にも出られず誰とも会いたくない。こんな状態が数週間続いて体を壊してしまった。

レジリエンス・ゾーンを広げる

ここで、大事なことを明確にしていきましょう。レジリエンス・ゾーンにいるときは、必ずしも穏やかな状態というわけではありません。興奮状態のときもありますし、難題に向かってチャレンジしている状態かもしれません。レジリエンス・ゾーンにいるときは、それでも自分で自分をマネジメントできるのです。

わたしにはプロサーファーの友人がいます。10メートル以上の波に乗ることもあるというので、それはどういう状態なのか聞いてみました。するとこんな答えが返ってきました。「怖いし、一歩間違えば死ぬ可能性もある。本当にギリギリの精神状態にいるよ」

図で描くと［図表17］のようになります。レジリエンス・ゾーンの端っこにいるというイメージです。ゾーンを超えるギリギリのところを彼は理解していて、その限界に自分の身を置く訓練を日頃からしているのです。このように、大事なのは自分で自分をマネジメントできる状態にあることです。

レジリエンス・ゾーンにとどまっていられるようになること（その自覚があること）、ゾーンから出てしまっても戻れるようになること、そしてそのゾーンを広げられるようになることが、セルフマネジメントの基本です。

人が安定して成果をあげられるのはレジリエンス・ゾーンにいるときです。時間をかけてこのゾーンを広げることで、自分の可能性が広がり、新たな選択肢が増えます。この状態から生まれた新たな行動がチームや組織のパフォーマンスや生産性の向上につながっていくのです。

ではここで、レジリエンス・ゾーンへの入り方、外れたときの戻り方、そして広げ方

図表17　レジリエンス・ゾーンにギリギリとどまっている状態

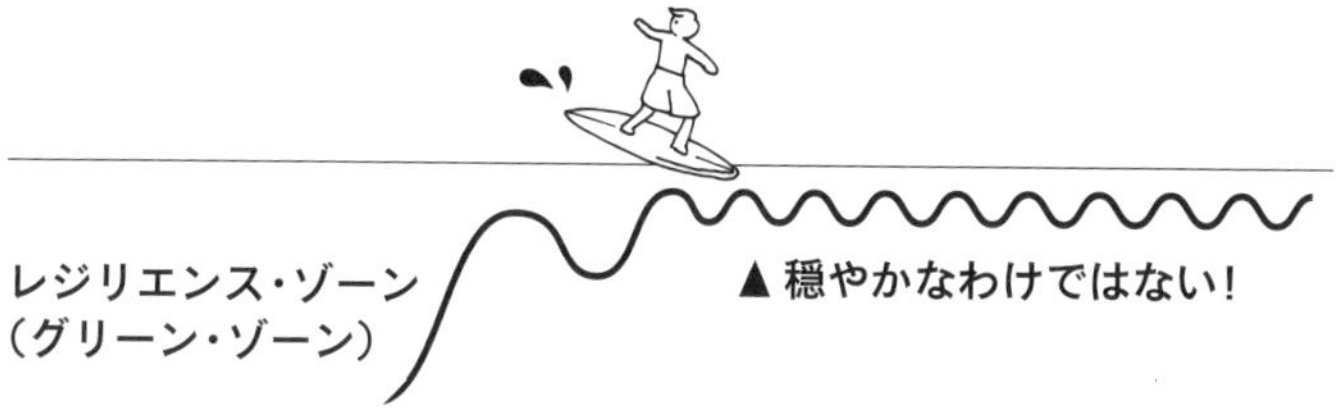

を助けるためのエクササイズを紹介します。このエクササイズも、いつでもどこでもできるものです。もしこれを毎日の習慣にできたら、あなたの内側の状態が変わるのに気づくでしょう。

　このエクササイズはこんな一言から始まります。

「あなたの人生で何かよいもの（好きなもの、こと、場所）を考えてください。ペット、好きな場所、自分に元気をくれる人間関係など、何でもかまいません」

　いま思い浮かべたものやことは、あなたの「リソース」です。わたしはこれまで「リソースがひとつもない」と言う人に会ったことがありません。つまり、人は何らかのリソースを持っているということです。自分の好きな場所、人、体験、音楽など、何でもリソースになりえます。

このエクササイズは、リソーシングといって、トラウマがある人にも実施できる、安全なものです。ドラッカー・スクールにはいろいろな学生がいます。イラク戦争の退役軍人で、PTSDに苦しむ人に向けてもこのエクササイズは有益でした。グラウンディングがうまくできない場合や、何か不快に感じるときは、このリソーシングをやるのもよいでしょう。

リソーシングもグラウンディングと同様に、いつでもどこでもできます。歩きながら自分のリソースに触れることでレジリエンスを高めることもできますし、満員電車の中でやることもできます。大切なのは何度もやってみることです。その中で、自分がいまこの瞬間に何を感じていて、どんな体験をしているのか、そしてエクササイズを通してどんな変化があるのかを、自分自身で体感してみてください。

リソーシングのエクササイズを続けていると、たまに素晴らしいことが起こります。以前、大企業で働く若い女性のクライアントがいました。彼女は千葉に住み、毎日何時間もかけてオフィスがある神奈川に通勤していました。初めて会ったときの彼女は仕事を辞めるかどうかで悩んでいて、不安で顔がこわばっていました。ところが、数カ月後に会ったときは幸せそうな満ちたりた表情で、まるで別人のようでした。わたしは驚いて何があったのか聞きました。

じつは彼女は、毎日の通勤で30分のリソーシング・エクササイズをしていたのです。このエクササイズで自分の中の恐れから解放され、自分の仕事に新たな可能性を見出しました。

文系出身の彼女は、勤め先のＩＴ系企業の組織文化に合っていないと感じて悩んでいました。リソーシングによって視野が広がり、「技術者の大半はコミュニケーションが苦手」ということに気づきました。そこで彼女は、自分の役割を優秀な技術者同士をつなぐ「仲人」として再定義したのです。彼女はその役割を果たすことを通じてこの組織にイノベーションを起こすことができました。

Practice

プラクティス
リソーシング

わたしたちの誰もが、ストレスを感じたときに頼れるリソースを持っています。リソースは、自分自身のエネルギーの源であり、神経系がバランスを崩しそうになるときに支えてくれます。リソースはまた、継続的にレジリエンスを鍛えてくれます。リソースは、レジリエンス・ゾーンに戻ったり、レジリエンス・ゾーンを拡大することにも活用できます。

リソースには次の２種類があります。

①自分の内側にあるリソース
②自分の外側にあるリソース

リソースは、気分をよくしてくれたり、自分を力強く感じたり、支えられていると感じさせてくれたり、安全な場所にいる、自分は愛されていると感じさせてくれるものであれば、何でもかまいません。わたしの経験から言えば、自分の外側にあるリソースのほうがイメージしやすいようです。

〈外側にあるリソースの例〉

・**ポジティブな経験**　誕生日のパーティー、特別な旅行、デートなど
・**場所**　楽しかったハイキングをした場所、気に入っている町、自然など
・**人**　愛している人、とても親しい友だち、両親、先生など
・**ペットや動物**　癒やしを与えてくれるペット、思わず微笑んでしまう自然の動物など
・**音楽**　安心させてくれる音楽、好きなミュージシャンなど
・**物**　思い出の写真、子どもの頃大好きだったブランケットなど

リソーシングをやっていると、ときとしてかえってストレスを感じてしまうこともあります。たとえば、亡くなった最愛の人などがリソースだった場合、もうその人がいないという寂しさに襲われるかもしれません。そうなったときは、そ

の寂しさを否定せずいったん受け止めて、別のリソースを選んでそこに意識を向けてみてください。

〈内側にあるリソースの例〉

・自分を支え、成長させてくれる、大切な価値観や信念、経験
・自分が好ましいと感じている、個人の資質、ユーモアや愛嬌など

じっくり時間をとり、あなたにとってのリソースを、少なくとも3つあげてください。

1
2
3

右のリストからリソースをひとつ選んでください（何を選んでもかまいません）。
そのリソースをさらに詳しく描写してみましょう。

書き出したリソースとその内容を見ながら、自分の内面で何が起きているかに気づいてください。あなたが経験している気持ちのよい感覚に注意を向けたり、呼吸や心拍・筋肉の緊張に意識を向けたりして、自分自身にどんなことが起きているか、気づいてください。いま、あなたは、何を経験しましたか？　言葉にしてみてください。

これから、さらにリソースを活用していきます。

① まず、居心地のよい場所を見つけてください。椅子に座ってもいいし、床に座ってもいいでしょう。あなたの身体の内側にとって、「心地よい」がどういう感じなのか、気づいてください。

② 長めの、ゆっくりとした深い呼吸を何度か繰り返してください。これによって、過剰に活性化している神経系にブレーキをかけることができます。

③ あなたのリソースを思い浮かべてください。そのリソースが、いま目の前

にリアルにあるとイメージしてください。

④ そのリソースとともにいるとしたら、あなたは何を見て、何を感じますか？　そのときの身体感覚に気づいてください。

⑤ そのリソースをイメージし続け、感じ続けてください。

⑥ どんな変化があなたの内側で起きていますか？　呼吸にはどんな変化が起きましたか？　体の重さや心拍数、緊張などに変化がありましたか？

⑦ 途中でリソースを変えてもいいですし、そのままのリソースでもかまいません。自分のペースでリソースを深く経験し、どんな変化が起きているのかに、意識を向け続けてください。自分自身の内面の変化に、気づいてください。

⑧ 身体の内側で何か変化が起きていますか？　新しいアイデアや気づき、も

しくは感情が芽生えていたら、それに気づいてください。そして、もし自分の中にある静かな場所に気づいたら、意識をその場所にとどめてください。

⑨ 変化を起こそうとするのではなく、ただ感じたまま、あるがままにしておいてください。もし変化があったとしたら、気持ちいいとか落ち着く感じとはどんな感じなのかに、気づいてください。

⑩ 何が変化したかを表す単語や文章を思い浮かべ、メモしてみましょう。

⑪ 自分のペースで、意識をリソースから目の前のことに戻してください。

Chapter 5

第 5 章

マインドレスネス

いま見ているものがすべて初めて目にするものだったら？

いまわたしは、ユナイテッド航空のロンドンからロサンゼルス行きの便、ボーイング787機24Cの席でこの文章を書いています。これまでの人生で、何百回も飛行機に乗りましたが、初めて乗っていると想像してみたら、面白いことが起きました。どんなことが起きたのかは後ほどお話しすることにして、あなたもわたしと同じようにちょっと試してみてください。

あなたはいまどこにいますか？　よく知っているところでしょうか？　家の中？　電車？　それともあなたの好きなレストランでしょうか？

想像してみてください。あなたがこの場所を訪れたのが初めてであり、いま見ているものがすべて初めて目にするものだったら？

これは「アテンション・リセット」というエクササイズです。

何か気づいたことはありますか？　ドラマチックな展開を期待する必要はありません。どんな小さなことでもいいのです。

数分かけて、あなたの認識と戯れてみてください。

いま、あなたには何が起こっていますか？

このエクササイズをやったあと、多くの人が「いままで気づかなかったことに気づいた」と言います。色がより鮮やかで、より生き生きとして見えたという人もいます。また、何度も来たことのある場所にいるにもかかわらず、そこにある自然や美しさに初めて気づいたという人もいます。

「見たこともない風景に対して既視感があること」を〝デジャヴ〟と呼びますが、わたしの友人はこの「何度も見たことのある風景に対して、初めて見たような新鮮で清々しい感覚を覚える現象」を、ふざけて〝ヴジャデ〟と呼んでいます。

実際にアテンション・リセットのエクササイズをやった人がどんなことを体験したか、いくつかコメントをご紹介しましょう。

・目に入る多くのことやいくつもの体験が新鮮に感じた。いつも思い込みの中で生きていて、いまこの瞬間に意識が向いていないことを実感した。
・目の前の物事に集中すると、いままでよりも多くのことに気づく。話している相手の表情や感情の些細な変化にも。それによって仕事がスムーズに進んだ感じがする。
・外を歩き、周りを見渡すと、多くの発見があることを思い出した。子どもの頃は外に出るとワクワクして、毎日が冒険のような感覚を持っていたが、いつの間にかその気持ちを忘れていた。意識を向けるだけでその気持ちを思い出せることがわかった。
・テレビやスマホを見ながら食事するのをやめて目の前の食事や相手との会話に集中したら、一つひとつの行動に深みと楽しさが出てきた。前よりも多くのことに感謝できるようになった。

いかがでしょうか。これらの感想からも、わたしたちの日常生活がどれほどマインドレスネスに支配されているかがわかるというものです。このあと詳しくお話ししますが、マインドレスネスとは、簡単に言うとオートパイロット（自動操縦）モードのことです。このエクササイズで体験したように、目の前のものをしっかり見ていなかった事実に気づいたときに初めて、わたしたちは自分がオートパイロット状態にあったことを自覚するのです。

わたしのクライアントであるエグゼクティブの男性は、妻と自分が8年間住んだ家に駐車するときに、このエクササイズをやってみました。他人の家の駐車場に車を入れると想像したのです。そこで彼は、とても大きな木の存在に気づきました。自分の家の敷地にあるその木にそれまでまったく気づいていなかったことは、彼にとって大変な驚きでした。自分に見えている（理解している）と思っていた世界の不確かさに気づいたのです。

この男性は押しが強く、やや自信過剰なところもありました。しかしこの体験をしてからは謙虚になりました。命令ばかりすることをやめ、他人の意見を尊重するためにより多くの質問をするようになりました。

わたしたちは、過去繰り返した経験や、環境、文化、社会的制約などから生まれてきた「習慣的で古い認識のフィルター」を通して自分の経験をつくり上げています。わたしたちは得る情報すべてをそのまま通過させるのではなく、一度フィルターを通しているのです。

これは必ずしもわるいことではありません。そうしなければ達成できないこともあります。けれども、フィルタリングのよくない影響のひとつは、常に変わり続ける現実の全体像を得ることができないということです。

「習慣的で古い認識のフィルター」は、あなたの経験を狭めている可能性があります。もしこの古いフィルターを手離すことができたら、あなたは過去の行動や自分の癖、既存のものの見方に縛られない行動を取れるようになるでしょう。

ほんの少しの時間、数秒でもこのフィルターを取り外すことで、毎日の経験がより鮮やかに色づき、活気が出ます。このエクササイズをした人たちは、好奇心旺盛な、驚きに溢れた子どもに戻ったような気がすると言います。

歳を取れば取るほど、このエクササイズは辛いかもしれません。というのも、どれほど自分が多くのことを見逃してきたのかに気づいてしまうからです。それでもこのエクササイズを繰り返すことで、再び日常が生き生きし始めます。

ワークショップでこのエクササイズを行うと、「美しいものや自然に感謝した」と言う人が必ずいます。美しいものに対して意識を向けるとエネルギーが湧き、可能性の幅が広がった気がします。

立ち止まって目の前のものに意識をしっかりと向けることさえすれば、この世界は美しさに溢れていると気づくでしょう。

美しさを認識することは、世の中のよい面に目を向けることでもあります。人は何が間違っているとか、何が壊れているとか、何がうまくいっていないか、といったネガティブな面ばかりに目を向けてしまいがちですが、美しさの存在はそれに抗うための強い意志を授けてくれるのです。

より意識的に自分の体験に集中することで、より深く物事を見られるようになります。こうした知覚こそが、マインドフルネスの結果として得られるものなのです。

さて、ここでわたしが飛行機のなかで行った「アテンション・リセット」で何が起きたのか、お話ししましょう。

わたしはボーイング787機24Cの席に座っています。周りを見渡すと、多くの素晴らしいことに気づきます。飛行機に乗ることの多いわたしは、地球上をここまで速く移動できる乗り物にそれほど興奮することはなくなりました。ところが、「飛行機に初めて乗った」と想像してみると、自分はいま、「空間を疾走する鉄の筒の中にいる」ということに気づきました（そして少し不安になっています）。

さらに「飛行機はなんて複雑なつくりなのだろう」と改めて驚嘆しています。この物体には何千何万のパーツがあるに違いありません。そしてそのすべてのパーツが（願わくば）調和して全体を動かしているのです。誰かがこのパーツをデザインして、誰かがそれをつくり、そしてこの乗り物を組み立てています。地上のクルーはそれをメンテナンスし、飛行場の航空管制官が空の安全を守っています。パイロットはさまざまな状況に対応できるようにトレーニングを重ね、キャビンアテンダントは乗客をかいがいしく世話しています。わたしのトランクは（願わくば）貨物室にきちんと収まって、わたしと一緒に目的地まで移動しています。空を飛ぶという作業のほかに、食事や、ゴミなど、多くのものが見えてきます。このひとつの乗り物は、大きな蜘蛛の巣のように入り組んだ関係性の一部分にすぎないのです。

いつもは飛行機に乗ってこんなことを考えたりはしませんが、やってみると驚くほどいろんなことに気がつきました。

このエクササイズは、いつでも、どこでも、何にでも試すことができます。たとえば、目の前で話している人（友人、同僚、配偶者など）を、まるで初めて会う人のように想像してみるとどんなことに気づくでしょうか。

また、このエクササイズはやればやるほど、自分の枠の中から外へと飛び出すことが容易になります。枠から外に出るための窓が開け放たれたとき、一瞬一瞬のあなたの経験はより新鮮なものとなるでしょう。そして、より多くの選択肢があることを知るでしょう。

こうした日頃の訓練は、ビジネスにおいても役に立ちます。ピーター・ドラッカーは、当時ＧＥ（General Electric）を率いていたジャック・ウェルチに対してこんな質問をしました。

「もし、あなたがこのビジネスをやってなかったとしたら、今日このビジネスに着手しますか？　もし答えがノーだとしたら、あなたはどうするつもりですか？」

これは、既成概念をリセットして新たな目でビジネスを見つめ直す、的確な質問であり、「アテンション・リセット」の本質でもあります。

とはいえ、このエクササイズは簡単なものではありません。「ごっこ遊び」のやり方を忘れてしまった人や、自分の枠から簡単に抜けられない人もいます。また、初めてこれをやる人は、古い思い出や枠組みが蘇ってきて、新しい見方を覆してしまうかもしれません。そうなって初めて、無意識のプロセスというものがどれほど強いのかを思い知るのです。

このエクササイズを通じた経験がどのようなものだったとしても、きっと何かを学ぶはずです。

次に、マインドレスネスがどれほど人間の生活の一部として蔓延しているのか、マインドフルネスが本当にあなたの結果を変えるための実践的なスキルなのかを探っていきます。

マインドレスネスとマインドフルネス

近年、マインドフルネスという言葉をよく聞きます。しかし、その本当の意味を知っていますか。先述したように、マインドフルネスはいわゆる精神世界の話で、実生活には関係ないと思っている人も多いのではないでしょうか。

本当の意味でマインドフルネスを知るには、その逆のマインドレスネスをまず理解することが大事です。

マインドレスネスは、人が無意識に動く状態のことです。マインドフルネスと逆の状態です。この本の冒頭で、わたしが生まれて間もない息子を抱きながら、自分の右手が知らないうちにスマホに伸びていったときのことを書きました。息子とのかけがえのない時間を過ごしている最中に、わたしの無意識はニュースをチェックしようとしていたのです。

しかし、マインドレスネスは必ずしもわるいものではなく、むしろ人間の普通の状態です。わたしたちが知覚できる能力には限界があります。脳はエネルギーを効率的に使う必要があるため、日常的なプロセスは意識しないでもできるようにパターン化しています。朝起きてボーッとしながら無意識のうちに歯を磨く、いつもと同じ道順で何も考えずに会社にまで辿りつくなど、特定のパターンによって無意識に行動していることが数多くあります。このように、マインドレスネスはエネルギーを節約するものとして役立っているのです。

一方で、どんな瞬間でもわたしたちは何らかの選択をして、行動している「はず」なのに、気がついたらスマートフォンを見ていたり、集中しなくてはいけない時間にネットサーフィンをしたりしていることはないでしょうか。あるいは、心配しても仕方がないことをずっと気にかけたり、あのとき余計なことをしなければ……と過去のことを延々と悔やんだりしているときもあるでしょう。

いまこの瞬間の現実とのつながりが失われ、しかもそのことに自分で気づいてもいない状態もマインドレスネスです。

人だけでなく組織もマインドレスになることがあります。たとえば、過去の担当者から引き継がれた作業手順の効率がわるいことはわかっていてもそのまま続けてしまうといったことはよくあります。やり方を変えましょうと提案しても「でもずっとこうやってきたので」と抵抗する人がいたりして、結局変えられない。

さらに、自分たちが提供する製品やサービス、市場、存在意義に対してでさえマインドレスでいる会社もあります。

ピーター・ドラッカーは、会社のマネージャーたちに「あなたのビジネスは何ですか？」と尋ねることがよくあったそうです。とてもシンプルな質問ですが、マインドレスになっているマネージャーは答えに窮するでしょう。

マインドレスネスのデメリットは、いまある状態を解決するために、昨日までのパターンを持ち込んでしまうことです。過去の失敗やうまくいかなかったこと、逆に成功やうまくいったことと、いま起こっていることを無意識のうちに関連づけ、そこから思い込みや固定観念が生まれます。

たとえば、何度も同じことで失敗する（と自分が思い込んでいる）部下に「お話があります」と切り出されたとしたら、「こいつまたトラブルを起こしたな」という考えが過去の体験から自然に湧きあがってくるかもしれません。その考えがいま目の前にいる部下を見る目を曇らせてしまいます。部下の話の内容が褒めるべきものだったとしても、「いつも失敗している奴が、今日はたまたまいいことをしただけ」と感じてしまい、適切な言葉をかけられなかったりするのです。

成功もまた、マインドレスネスの原因となりえます。創業間もない会社はダイナミックで、果敢にリスクをとり、短期間で素晴らしい成功を収めたりするものです。それで自信が出て、成功を当然のことと感じるようになると、その会社はやがて自分たちをここまで導いてきた大事なことをやめてしまいます。そして少しずつ守りに入り、傲慢となり、顧客を見なくなります。こうしたマインドレスな状態は、その会社がうまくいかなくなる兆候のひとつです。

オートパイロット状態

人のほとんどの行動は意識せずに行われています。つまりわたしたちは日常のほとんどの時間、自動操縦状態で動いています。自分で意思決定しているつもりでも、なぜそれをやっているかがわからないまま、行動をしているということです。思い当たるふしはありませんか？

［図表18］を見てください。これは、心理学者ティモシー・ウィルソンの研究結果です。人の五感は1秒間に1100万程度の情報を取り入れているといわれています。その中で人が「意識できる」のは、1秒あたりせいぜい40程度、多い人でも120くらいだといわれています。仮に40だとして、五感を通じて入ってくる情報のじつに0・00004％の情報しか意識できていないということなのです。

意識することのできないとても多くの情報は無駄になっているわけではありません。わたしたちの自覚がないところでこれらは有効に活用されています。つまり、人がさまざ

図表18　人が意識できる情報量は0.000004%

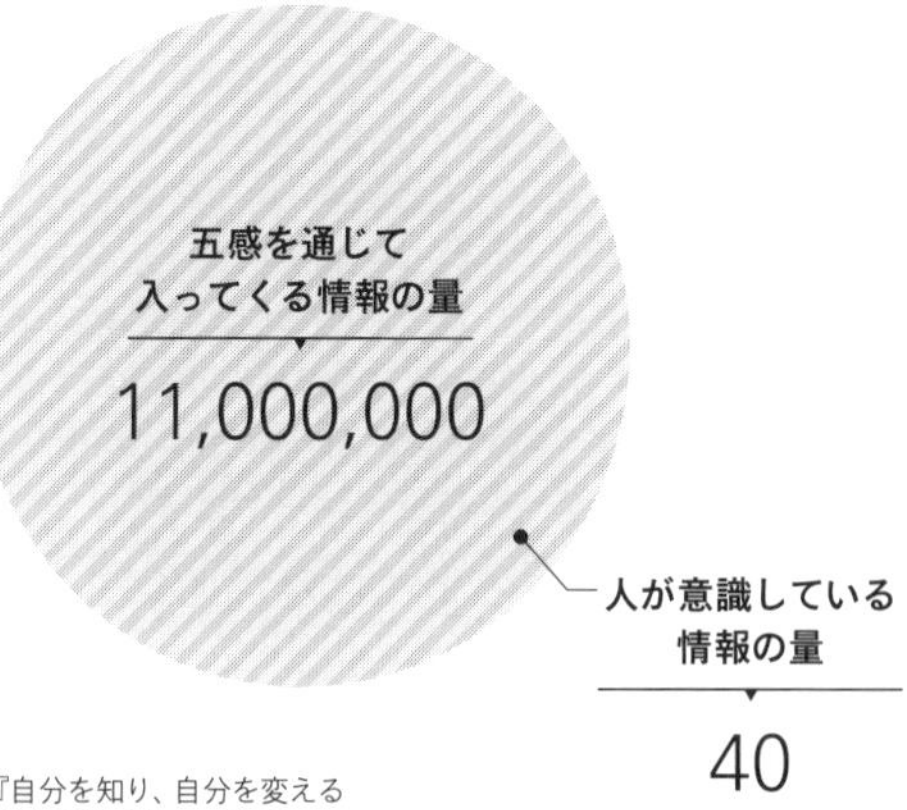

※ティモシー・ウィルソン著『自分を知り、自分を変える
－適応的無意識の心理学』（新曜社）を参考に作成

まな外部情報を意識して処理・判断・選択・行動しているのは本当にごくわずかな部分であり、無意識（ティモシー・ウィルソンは適応的無意識と呼んでいます）のうちに人は多くの情報を処理して行動をしているのです。

この脳の機能は、進化の過程で生存に必須だったからこそ備わったものといわれています。情報を取り入れすぎると処理するのに時間がかかりすぎ、逃げる、戦う、隠れるなど、命にかかわる判断が遅れてしまうからです。しかし、常に命の危険にさらされているわけではない現代において、この非意識的な思考と意思決定はときとして厄介な結果を生みます。

さらに、適応的無意識は、「古い情報を

図表19　わたしたちは無意識のうちにほとんどの情報を処理している

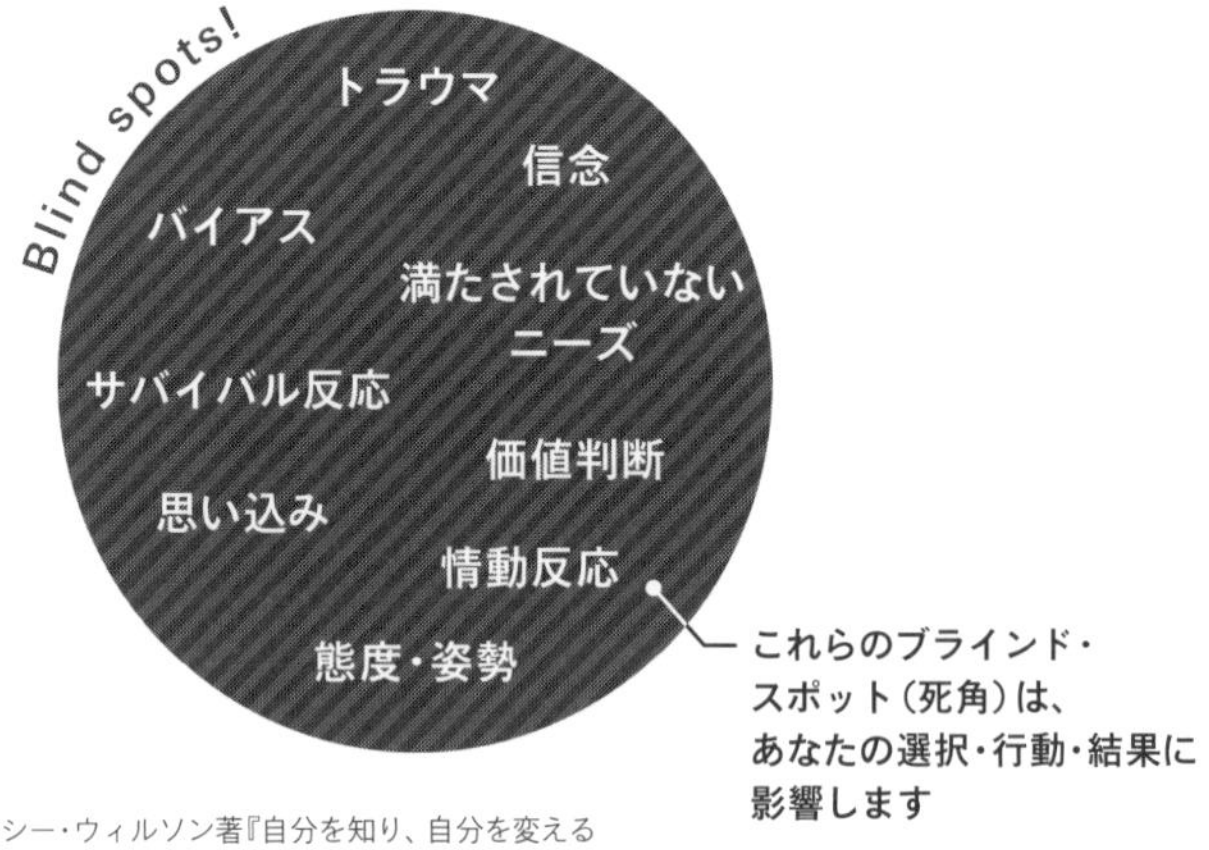

※ティモシー・ウィルソン著『自分を知り、自分を変える
－適応的無意識の心理学』（新曜社）を参考に作成

忘れるよりも速く新しい情報を取り入れる」という側面を持っています。その結果、わたしたちはしばしば古い地図を拠り所にしてウロウロと歩き回り、目的地に辿りつけないでいるのです。

　では、わたしたちは何をしなければいけないのでしょうか？

「図表19」を見てください。これはあなたの無意識の中に蓄積されてきた情報です。偏見、信念、評価、期待、姿勢といったものが、巨大なブラインド・スポット（死角）として存在し、それらは通常は自覚されることはありません。しかしいざ何かを選択したり、行動を起こしたりする際に大きく影響してきます。

わたしたちは普段、このブラインド・スポットに自分が支配されているということに気づいていないばかりか、「自分は自分のことがわかっている」と思い込んでいます。だからこそ同じパターンを繰り返し、「なぜかうまくいかない」状態が続くのです。当たり前ですが、人は「気づいていない」「見えていない」ものを頼りに、いままでと違う行動を取ることはできません。

したがって、「何かうまくいかない」「いつも同じ失敗をしてしまう」というのは、知性の問題ではなく「認知の問題」といえます。それは、見えていない自分のパターンに縛られて、望む結果が手に入らないということなのかもしれません。変化が激しい現代においては、いままでと同じやり方では行き詰まることも多く、オートパイロット状態では望む結果を得られないのはむしろ当然といえるでしょう。

さて、マインドレスネスをここまで学んできましたが、マインドフルネスがどうしてこれほど大事なのか、明確になってきたでしょうか？　マインドフルネスは、自分がやっていることについて、そしてどうして自分がそれをしているのか、さらにはそれによってどんな結果を得ているのかを、より意識的に知る方法なのです。

このように、見えていないものを見えるようにしていくプロセスが、セルフマネジメントの重要なポイントといえます。そうすることで、無意識に蓄積してきた古い情報に固執することを減らすためのスキルが身に付きます。

しかしわたしたちのエゴはとても強く、信念や思い込みや思想に強く縛られることがあるので、初めのうちは「手放す」ことが大きな挑戦になります。自分の信念と自分自身を同一視する場合、手放すことが非常に大事なものを失っているように感じられることもあります。多くの人にとってそれは恐怖であり、居心地のわるいことです。

「この考えを手放したら、わたしはわたしでいられるのか？」

確かに、自分の安定した世界から外に出ることは怖いですし、慣れないうちはうまくいかないこともあるでしょう。繰り返し練習を続けることで、少しずつ道はひらけてきます。

Column

ドラッカーと水墨画

一九三四年六月、若き日のピーター・ドラッカーは、ロンドンの美術館で開催されていた日本画展を偶然訪れ、「その後経験することのない」ほどの衝撃を受けました。『プロフェッショナルの条件』日本の読者へのまえがきに、そう書かれています。「日本画の虜」となったドラッカーは、日本の水墨画、特に室町時代の風景や白隠禅師の作品の熱心なコレクターになりました。

妻のドリスによると、夫妻がワシントンDCに住んでいたときにも、日本美術はドラッカーの人生にとって「必要不可欠なもの」だったそうです。当時ドラッカーは困難に直面しており、「正気と世界を見る視点を取り戻すために」アーサー・サックラーギャラリーを訪れました。ここでの日本美術との出合いについて、ドラッカー自身が次のように語っています。

「わたしに何かが起こったと自覚しました……小さなタッチではありましたが、本当の、悟りに触れた経験をしました」

ドラッカーは、仕事の中心的なテーマとして、考える能力と同じくらい見る能力を訓練することに重きを置きました。

「わたしたちは分析ばかりを過度に訓練し、知覚の訓練は不十分である」とも書いています。現実を正確に知覚する能力によって、ドラッカーは数十年先の社会を「すでに起こった未来」を見るがごとく鮮明に描くことができたのです。
ドラッカーがとりわけ愛した日本の水墨画は、見るたびに新しい発見をもたらします。
ドラッカーにとって、芸術とともに生きることは瞑想の手段のひとつでした。

Transform Your Results

Chapter 6

第 6 章

望んでいない結果を変える

これまでの章で、セルフマネジメントを実現させるための土台であるストレスと休息について理解を深めるとともに、望んでいない結果をもたらす要因——サバイバル反応・情動反応とマインドレスネス——について学びました。

この章から先は、セルフマネジメントを実践することで、実際にどのように選択肢を広げていくかに焦点を当てていきます。

ここでの目的は、先に紹介したインテンション・リザルト・マップ（ＩＲマップ）を日常的に使うための土台をつくることです。

「うまくいっていること」に意識を向ける

ドラッカー・スクールの日本人卒業生が、彼の勤める会社のＣＥＯと一緒にクレアモントに来たときの話です。わたしはそのＣＥＯに「いま日本やあなたの周りで起きている、いいことはなんですか？」と聞いてみました。そうすると彼はじーっと黙り込んで眉をひそめ、険しい顔をして長い時間考えたうえでこう言ったのです。

「いいことは何もありませんね」

それを聞いてわたしはその会社に勤める従業員が気の毒になりました。トップの意識が「よいこと」にまったく向いていないということは、狭く閉ざされた世界の中で事業計画や指針がつくられ、それに基づいて意思決定が行われることを意味しているからです。もっといえば、このCEOにも同情しました。プレッシャーや責任のせいで、彼は身動きができなくなっていたのです。そこから抜け出すには、視点をずらし、物事を違う方向から見ることが必要だと感じました。

月面へ向かうまでの間に爆発事故を起こしたアポロ13号が奇跡的に地球に帰還した実話を基にした映画『アポロ13』の中に、素晴らしいシーンがあります。その爆発は前例がなく、まさに「過去の経験に頼っても、この状況の助けにはなりません」という状況そのものでした。もしチームがパニックとなり、問題だけに目が向いていたとしたら、彼らは地球に生還することはできなかったでしょう。

では、実際に何が起きたのか。爆発事故という危機に直面したとき、ヒューストン管制センターは「じゃあ、いまうまく動いているものは何なんだ？」とアポロ13号のクルーに聞きました。このたったひとつの質問が、事態を絶望的だと捉えていたクルーの意識を、まだ残っている有効なリソースに向けさせ、問題解決への道筋をつくり出したのです。

多くの場合、人の意識はネガティブなほうに向きます。何がうまくいってないのか、修正すべき課題は何か、あいつの気に食わないところは……など、みなさんにも思い当たるふしがあるのではないでしょうか。意識がネガティブなほうに向いてしまうと、うまくいっていること、できたこと、褒めるべきことを意識できません。結果として世界が狭まり、可能性が限定されることになります。

意識がネガティブなほうに向きやすいという癖があるからこそ、「自分はいま何に意識を向けているのか？」を繰り返し問い、とりわけ「何がうまくいっているのか？」「どんな可能性があるのか？」に目を向けることが重要なのです。そうすると、たとえ問題があったとしても解決の糸口が見つかる可能性が高まります。そして何より、より大きな文脈で物事が見えるようになります。

わたしは、けっして問題を無視するべきだと言っているわけではありません。ただ、問題ばかりに気を取られることは避けたいものです。ピーター・ドラッカーは、「有能なマネージャーは問題よりも機会に焦点を当てる」（『経営者の条件』）と言っています。意識は意識的によい方向へと向ける必要があるのです。
ここからは、自分の意識の向け方に、より自覚的になる方法を学んでいきましょう。

忙しいときに、苦手な人から電話がかかってきたら？

100年以上前、哲学者で心理学者でもあったウィリアム・ジェームズは「経験とは、自分の意識の向け先を決めることである」と言いました。

人は何に意識を向けるかによって何を経験するかが決まり、その経験の積み重ねが人生を決めるということです。つまり、自分自身の人生をマネジメントするためには、自覚的に何に意識を向けるかを決め、そのエネルギーをマネジメントする必要があるということです。

しかし意識を大事なものに向けようとしても、自分の外から来る絶え間ない刺激に反応してしまい、いつの間にか意図しないところに気が向いてしまいます。たとえば、メールやメッセージはひっきりなしに来ます。部下や同僚がアポもなしに相談に来ます。かと思えば、時間の無駄としか思えない会議に招集されます。そしてその都度、注意が削がれます。

2010年のハーバード大学の心理学者、マット・キリングワースとダニエル・ギルバートの研究で、人は起きている時間の46・9％は心がさまよっている状態であり、目の前のやるべき課題から意識が逸れて無関係なことを考え始めてしまうということが明らかになりました。それほど人の意識は散漫になりやすいのです。

自分の意識を向けるべきところに向けるためには、次の質問に答えてみてください。

・わたしの望んでいる結果は何か？
・その結果を得るために、いまわたしがエネルギーを投入するべきことは何か？
・いまやっていることは、わたしがエネルギーを投入するべきことか？

これらの問いに答えることで、自分の中で優先順位が明確になり、それほど重要ではないことにノーと言いやすくなります。

次に、あなたが何かに対してノーと言うとき、何を基準にノーと言っているか考えてみてください。その答えが出たところで、今度はノーと言えないときのことを考えてみてください。自分の評価が下がるから？　人が離れていくかもしれないから？　誰かをがっかりさせるから？　それらをはっきりさせることで、自分の注意を逸らすものの正体がわかってきます。

自分の意識を向ける先に自覚的になるには訓練が必要です。注意力が低下していると気づいたら、前述の3つの問いについて考えるとともに、瞬間に起きている3つの要素にも意識を向けてみるとよいでしょう。つまり、「身体は何を感じているか？」「どんな感情を抱いているか？」「頭の中にどんな考えが浮んでいるか？」に意識を向けるのです。

実際にやってみましょう。次の質問に答えてみてください。

あなたが忙しくしているときに、苦手な人から電話がかかってきました。あなたの提案や行動に対していつも何かと文句を言ってくるクライアントです。あなたは極力その人と話をしたくないし、率直に言ってその人のことが好きではありません。このクライアントの声が電話から聞こえてきたとき、あなたの内面でどんなことが起きているでしょうか。そして、次に続くあなたの行動は、それによってどのような影響を受けるでしょうか。

例として、次のような答えが考えられます。

・**身体感覚**　胃やお腹のあたりがキュッとなり、眉間にシワがよる、顎が緊張する
・**感情**　不安や嫌悪感、軽い拒絶反応がある
・**思考**　（頭に浮かぶストーリー）過去の嫌な体験を思い出し、「うわっ、今度は何を言ってくるんだろう？　どうやって乗り切ろうか？」と思う

このように、何か刺激があった場合、瞬間的に感情や身体感覚、そして思考が全身を駆け巡り、わたしたちはそれらの情報を基に判断して行動を起こします。あなたの声の調子はどうなるでしょう？　どんな言葉を使いますか？　電話を受けた瞬間にどんな反応が起きていますか？

第2章で、マネジメントの最小単位は瞬間であり、瞬間に起きていること以外に自分自身をマネジメントすることはできないという話をしました。行動を起こす前にあなたが自分にいま起きていることに気づいていないとしたら、脳のデフォルトであるマインドレス習慣の沼へと陥ってしまいます。もしあなたが、いままでと違う結果を手にした

図表20　瞬間に起きている経験をどう認識しているか

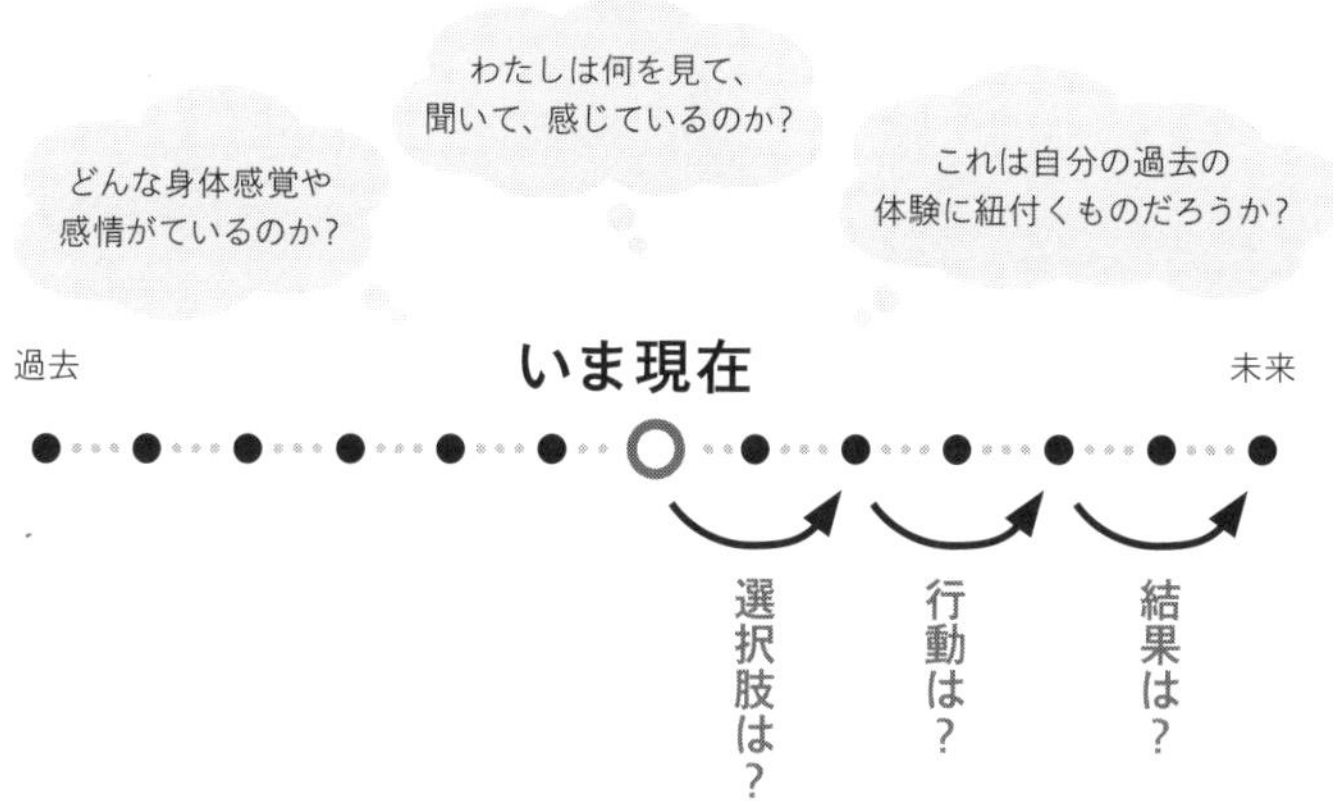
どんな身体感覚や
感情がでているのか？
わたしは何を見て、
聞いて、感じているのか？
これは自分の過去の
体験に紐付くものだろうか？
過去
いま現在
未来
選択肢は？
行動は？
結果は？

いのであれば、まずは「いま」という瞬間に自分が何を経験しているかに気づき、受け入れなくてはなりません。

［図表20］のように、人は外からの刺激（瞬間に起きたこと）を認識し、その認識から選択肢が生まれます。その選択肢に基づいて行動をとり、結果を得ます。新たな選択肢を生み出すためには、その前のプロセスで起きている「瞬間に起きている経験をどう認識しているか？」を自覚することが大事なのです。

瞬間に何が起きているかを知る

ほとんどの場合、瞬間には先に挙げた次の3つの要素が入っています［図表21］。

①身体感覚
②感情
③思考（頭に浮かぶストーリー）

しかし、ほとんどの人は瞬間に意識を向けません。それゆえに自分が体験していることらの重要な情報に目を向けず（あるいは無視して）、過去からの慣れた選択肢を基に行動します。これは、わたしたち人間の特性です。

物事がうまくいっている場合は、それで何ら問題はないのですが、いま得ているものと違う結果を手にしたければ、意識していなかったことに意識を向けるしかありません。そこからしか新たな選択肢は生まれないからです。したがって、瞬間に起きていること

図表21　瞬間に起きていることを認識する3つの要素

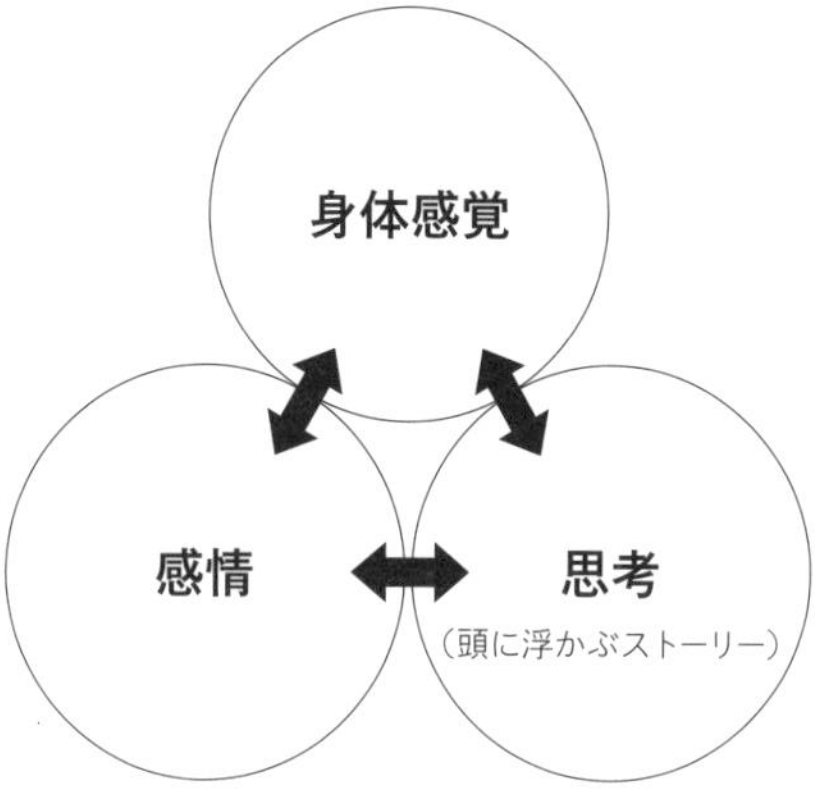

を個別に分析すること、つまり「わたしはいま何を経験しているのか？」を認識することがセルフマネジメントの出発点になります。

3つの要素を詳しく見ていきましょう。

①身体感覚

身体に表れる感覚で、その源は快、不快、そのどちらでもない、の3つに分かれます。快は気持ちよさです。体が軽い、頭がすっきりしている、といった感覚です。逆に不快は、足がだるい、腰が重い、首や肩が張っている、胃が締め付けられるなどの感覚です。その感覚を知覚していて、快でも不快でもないときのニュートラルな状況を、どちらでもない状態と呼んでいます。

例

けいれん／鈍い／チクチク／うずく／固まる／震える
寒い／滑らか／悪寒／かゆい／緊張した／固い
無感覚／緩む／閉塞感／広がり／きつい／ふわふわ
泡が身体を駆け巡る感じ／うずく／揺れる／麻痺／汗／しっとり
ベトベト／ゴチャゴチャ／電気が走る／軽い／柔らかい
吐き気／気づき／強い／脈打つ／収縮／暖かい
ヒラヒラする／穏やか／めまい／暑い／窒息／ドキドキ
重い／グラグラ／鳥肌／身震い

②感情

感情は身体の内側で起きる何らかのエネルギーとそこに付帯する情報です。恐れ・不安・怒り・悲しみ・苦しみのような、一般的にネガティブといわれるものから、安心・感謝・幸福・親しみ・好奇心など、一般的にポジティブと捉えられるものがあります。感情に良し悪しも善悪もありません。すべての感情は現象であり、情報です。そして、感情はコントロールすることはできません。無理に抑えつけようとするのではなく、うまく扱うことが大事です。たとえば怒りという感情によって、どんな行動や結果が起きているのか、それによってどんな可能性を閉ざしているのかを、情報として知ることが大切です。

③思考（頭に浮かぶストーリー）

ここで言う思考とは、瞬間に頭に浮かぶ考え、ストーリーのことです。身体感覚や感情に紐付いている過去の出来事や体験が基となって何かのストーリーが頭の中に浮かんでくることもあれば、強く持っている価値観や信念、自分の中にある前提、期待、執着、思い込みなどから何か強い思いが生まれることもあります。固定観念や偏見、メンタルモデルから生じる思考もあるでしょう。

瞬間から瞬間に起きているこれらの3つの要素を分解し、「わたしはいまこの瞬間に、何を経験しているのか？」を認識することがセルフマネジメントの出発点となります。

この感度を高めるには、レジリエンス・ゾーンにいる必要があります。なぜなら、人が過覚醒や低覚醒ゾーンにいるときは生存のためのサバイバル反応にエネルギーを費やす必要が出てくるため、「瞬間に何が起きているか?」よりも「生存するために何が必要か?」が優先されるからです。何らかの理由でレジリエンス・ゾーンから出てしまっている人は、先に紹介したグラウンディングやリソーシングのエクササイズによって、いったん戻ってくる必要があります。

身体感覚、感情、思考(頭に浮かぶストーリー)の3つの要素のうち、日本人は特に思考偏重になりがちです。身体感覚や、感情がないがしろになっている状態ともいえます。第2章でも述べましたが、これは、日本の近代の学校教育が知識や思考偏重で「自分はいま何を感じているのか」や「身体にどんな感覚があるのか」という問いが置き去りにされているからだと思います。

思考よりも大事な身体感覚や感情の状態を問われないまま大人になり、これらに無自覚なまま行動していると、自己一致感が失われていきます。つまり、本当に感じていることと自分の言動が合わなくなってきてしまうのです。結果としてモヤモヤが続いたり、長期的にストレス状態(恐れ・身体的疲労)に陥ったりします。

セルフマネジメントの授業では、推測や偏見、信念、感情的な反応、思考を手放すことを学びます。いまこの瞬間に何を経験しているかに意識を向けましょう。そのとき、「うまくいっていること」を意識して探すようにしてみてください。その瞬間に、身体感覚、感情、思考が起こるかを感じてみましょう。

あなたが使い古したアイデアを捨てると何が起きるのか。

わたしのあるクライアントの話が参考になるかもしれません。彼は大変有能なエンジニアでしたが、仕事に行き詰まりを感じ、何もかもうまくいかないような気がしていました。あるとき、この行き詰まりの原因は、自分の思考プロセスがいつも「白か黒か」の視点から始まっていたことに気がつきました。つまり、彼は基本的にふたつしか選択肢を持っていなかったのです。

この選択肢の少なさから、彼は（そして言うまでもなく彼の周りにいる人も）結果的に行き詰まっていたのでした。プログラムの中でこの状況にようやく気づいたとき、彼はとても感情的になり、泣いているのか笑っているのかわからないような表情を見せました。きっと両方だったのでしょう。「白か黒か」という考え方しか持っていなかったがゆえに自分が失ってきた可能性を嘆く一方で、その考えを捨てることによって自分の目の前に開けた新しい世界に恍惚としたのだと思います。

Column

集中と体系的廃棄

ドラッカーは著作の中で、意図を持ち、意識を向けることの重要性を繰り返し説いています。たとえば、「成果をあげるための秘訣をひとつ挙げるならば、それは集中である。成果をあげる者は最も重要なことから始め、しかも一度にひとつのことしか行わない」「時間と労力と資源を集中するほど、実際にやれる仕事の数と種類が多くなる」と『経営者の条件』の中で書いています。

ドラッカーはまた、同書の中で、「成果をあげる者は、新しい活動を始める前に必ず古い活動を捨てる」「集中のための第一原則は、生産的でなくなった過去のものを捨てることである」とも言っています。言い換えると、あなたが何かに意識を向ける前に、「何に意識を向けないか」を決めなければいけないということです。

これは「体系的廃棄（systematic abandonment）」と呼ばれています。人は強い思い込みから、以前うまくいっていたけれどすでに陳腐化してしまったこと、うまくいくはずのもの、もはや生産的でなくなったものに注意を向け続け、固執します。しかし、これらの思い込みや固定観念が機能していないのであれば、捨てる勇気も必要です。これらを手放すことによって、新たなものが入ってくるスペースが生まれるのです。

この体系的廃棄がイノベーションには欠かせない、とドラッカーは別の著書『イノベーションと企業家精神』で書いています。

「イノベーションの戦略の一歩は、古いもの、死につつあるもの、陳腐化したものを計画的かつ体系的に捨てることである。イノベーションを行う組織は、昨日を守るために時間と資源を使わない。昨日を捨ててこそ、資源、特に人材という貴重な資源を新しいものに解放できる」

ドラッカーは、半年に一度はまとまった時間をとって、この体系的廃棄を継続的に行うようにすすめています。

半年ごとと言わず、毎日廃棄できるようになりましょう。

Transform Your Results

Chapter 7

第 7 章

IRマップで望む結果を手に入れる

前章では、ＩＲマップの土台である、意識の向け方について詳しく紹介しました。この章では、ＩＲマップをどうやって使いこなし、実際に選択肢を広げる行動につなげていくかについてお話しします。

ＩＲマップは、マインドレス状態から脱却するためのツールです。それは、あなたの無意識の行動の流れを遮り、内面や周辺で起こっていることを意識して考えるように導いてくれます。

このツールはマインドフルネスを練習するためのひとつの方法です。瞑想するには大きなエネルギーと熟練が必要ですが、ＩＲマップを使えば瞑想に近い効果が得られます。ＩＲマップは忙しい人、具体的な課題がある人、瞑想に興味がない人に特におすすめです。

何度もこのマップを使うことにより、過去の経験や、環境、文化、社会的制約などから生まれてきた「習慣的で古い認識のフィルター」に気づき、そのフィルターを通さずに物事を見る意識の向け方ができるようになっていきます。これが第5章でお話ししたアテンション・リセットです。

ＩＲマップを使えば、繰り返し何度もつまずいている場所やパターンを特定することができます。また、あなたにとって大事なもの、あなたのエネルギーの最善の使い方が見えてきます。そこまでくれば、「望む結果」に向けての意識的な決断ができるようになります。IRマップの使用方法にはふたつのフェーズがあります。

【フェーズ1】まずは、あなたがすでに得ている結果からスタートします。
あなたが何度も繰り返し得ている「望んでいない結果」は何でしょうか。その結果が示している状態は、概ね次の3つに集約されます。

①すでに破綻しているシステムの中で、あなたのコントロールの及ばない範囲で望んでいない結果が繰り返し生じている。（差別、災害、不健康な仕事環境、劣悪なマネジメント）
②他者と関係性を構築する過程でズレが生じ、望んでいない結果が繰り返し生じている。（自滅的感情、非効率なコミュニケーション、自己防衛的な反応、偏見、行きすぎた感情的な反応）
③1と2の両方

あなたはどのように望んでいない結果をつくり出しているのか、またそれに対峙しているのか。ＩＲマップを使ってこれらを詳細に観察してみることによって、それらを明らかにします［図表22］。

【フェーズ2】ＩＲマップのふたつ目のプロセスでは、あなたが望む結果をまだ得ていない状態から脱して本当に望む結果に至るための選択肢を見つけていきます。あなたはいま、エネルギーをどのように使っているのか。そして望む結果を得るために手放さないといけないものは何かをＩＲマップで明らかにします［図表23］。

このふたつのフェーズについて具体的にイメージしていただくために、個人的なお話をしたいと思います。

数年前、わたしは医者から体重を少なくとも5キロ減らす必要があると言われました。わたしが手にしていた望んでいない結果は「太りすぎ」というものです。

わたしは出張が多いので、いつもいろいろな場所で食事をしています。わたしにとって食べることは人生の大きな喜びのひとつです。家から遠く離れているときはなおさら食べることへの関心が高まり、食べるべきではないものにまで手が伸びてしまいます。こ

図表22　インテンション・リザルト・マップ（望んでいない結果を起点に）

望んでいない

結果 RESULT	わたしはどんな結果を手にしているのか？
行動 ACTION	この結果をもたらした行動は何か？
選択 CHOICE	わたしにはどんな選択肢があるのか？
認識 PERCEPTION	わたしはいまどんな経験をしているのか？
意識 ATTENTION	わたしの意識とエネルギーはどこに向けられているのか？
意図 INTENTION	わたしが本当に望む結果は何か？

れが、望んでいない結果をもたらすわたしの行動です。その行動は誰に強制されたわけでもなく、わたし自身の選択です。わたしは旅行や出張中は、「食べたいものはとりあえず食べる」という選択をし続けて不健康な状態になっていました。

ＩＲマップが本当に役に立ってくるのはこの先からです。わたしの選択の背後には、旅行中の食事に関してどのような認識があったのか。それを考えてみると、馬鹿げているとしか思えない思い込みがあることに気づきました。

「旅行中の食べ物にはカロリーがない」という思い込みです。そんな食べ物があるはずもないのですが、旅行中は「カロリーのことは考えたくない」という願望が高じたものでしょう。そのほかにも、「もう二度とここに来ることはないのだから、これを食べないと後悔する」という気持ちが強く働いていることにも気づきました。メニューを見た瞬間、美味しそうな写真に興奮して、理性が働かなくなってしまっていることにも思い至りました。結果として、わたしは旅行中にレストランに入ると「いちばん美味しそうなその土地の名物」にしか目がいかなくなっていました。

さて、ここまでわかったところで、わたしが本当に望む結果は何なのかを自問してみます。答えは「長く健康な人生を送ること」。それがわたしの意図している結果です。し

図表23 インテンション・リザルト・マップ（本当に望む結果を起点に）

本当に望む結果

意図 INTENTION	わたしが本当に望む結果は何か？
意識 ATTENTION	わたしの意識とエネルギーはどこに向けられているのか？
認識 PERCEPTION	わたしはいまどんな経験をしているのか？
選択 CHOICE	わたしにはどんな選択肢があるのか？
行動 ACTION	この結果をもたらした行動は何か？
結果 RESULT	わたしはどんな結果を手にしているのか？

かし、この意図とわたしの行動にはまったく整合性がなく、望んでいない結果がもたらされていました。その原因を辿っていくと「いましか食べられない最高に美味しいものを食べたい」というわたしの願望がもたらした「旅行中の食べ物にはカロリーがない」という思い込みと、土地の名物との関係は「一期一会」であるという信念（価値観）、そして「あのとき食べておけばよかったと後悔したくない」という感情、そして美味しいものを見るとつい興奮してしまって、健康やダイエットのことを忘れてしまうという身体感覚がありました。

ここで、細かいことですが、とても大事なことをお伝えしておきます。もしあなたが自分の馬鹿げた思い込み（「旅行中の食べ物にはカロリーがない」など）に気づいたとしても、当惑したり、回避したりしないでください。人間は誰もが常に論理的で、一貫性があるわけではありません。素直に受け入れてよいのです。

ＩＲマップで自分に向き合うことを通じて、「人間であるとはどういうことか」についてもわたしたちは学んでいるのです。

さて、さきほどのわたしの状態をＩＲマップに配置してみます。「望んでいない結果」からスタートしてＩＲマップに配置すると、［図表24］のようになります。

図表24　ジェレミーのIRマップ（望んでいない結果を起点に）

望んでいない

結果 RESULT	・太りすぎ、不健康 ・医者から最低5キロ減らすように言われる
行動 ACTION	旅行中はいつもより多く食べる
選択 CHOICE	・食べたいものを食べる ・必ず名物を食べる
認識 PERCEPTION	・旅行中の食べ物にはカロリーがない［思い込み］ ・いまこれを食べなければ後悔する［感情］ ・美味しそうなものをみて身体が反応する［身体感覚］
意識 ATTENTION	メニューの中でいちばん美味しそうに見える名物

本当に望む結果

意図 INTENTION	長く健康的な人生を送る

ここから「望む結果」を得るためにどんな選択肢をつくることができるか、手放すものは何かを知るために本当に望む結果を起点にしたＩＲマップを使っていきます［図表25］。わたしの「望む結果」は「長く健康な人生を送る」です。そのために意識を向けるべきは、「より健康的なメニュー」です。名物の中でも、より健康的な選択肢はあるはずです。

「いちばん美味しそうに見えるメニュー」から「より健康的（なおかつ美味しそう）なメニュー」に意識をシフトさせるためには、手放さなくてはならないことがあります。それは「旅行先の食べ物にはカロリーがない」という思い込みです。また、「これをいま食べないと後悔する」という考え方もやめて、より健康的なメニューを味わって食べることに集中しました。さらに、「おかわりしない。デザートは食べない」などのルールも決めました（これはわたしの友人からのアドバイスでした）。

時間が経つにつれて、わたしの体重は減っていきました。医者に言われた「最低5キロ」を超えて、7キロ減らすことができたのです。妻も喜んでくれて、新しい洋服を買う許可も出ました。

図表25　ジェレミーのIRマップ（本当に望む結果を起点に）

本当に望む結果

意図 INTENTION	長く健康的な人生を送る
意識 ATTENTION	より健康的（かつ美味しそう）なメニュー
認識 PERCEPTION	・この食事によって健康に近づく［新たなストーリー］ ・健康的な食べ物も美味しい［新たな価値観］
選択 CHOICE	・名物の中から健康的で美味しそうなメニューを選ぶ［新たな選択肢］ ・おかわりしない、デザートも食べない［新たな選択肢］
行動 ACTION	美味しくて健康的な食事をとる 旅行中の食事をコントロールする
結果 RESULT	・時間の経過とともに徐々に体重が減少、医者にほめられる ・大学時代の素敵なジーンズがまた履けるようなった ・気分もいい

ＩＲマップの【フェーズ１】では望んでいない結果がどのように発生したかを知ることができます。いわば「プロセス説明」の部分です。【フェーズ２】は、いつも陥りがちなパターンから抜け出す「変換プロセス」です。ふたつのフェーズを行ったり来たりすることで、いま得ている結果に至る過程で実際に経験したことと、望む結果を得るために手放すべきことが明確になっていきます。

よい意図があっても行動に結びつかないことは珍しくありません。意図を結果に結びつけるのは瞬間における判断です。何かを変えたいのであれば、いつもとは別のことをするための瞬間を見定める必要があります。わたしの場合で言うと、「メニューを見て注文するとき」が行動を変えるための決定的瞬間です。

実際、何かを変えるということは、「特定の瞬間にいつもとは違う行動を取る」という単純なことなのです。いつもは左に曲がるところで、右に曲がってみる。イライラするといつも嫌みな発言をしてしまう傾向がある人は、そうなったときあえて客観的な質問をしてみる。いつも仕事を引き受けすぎる人は無理なお願いにはノーと言う。こうしたちょっとしたことで、あなたが手にする結果は大きく変わるのです。

人生とは、瞬間、瞬間を生きることです。人生は少しずつ、しかし刻々と変わっていきます。マインドフルネスは、大事な瞬間を認識するのに役立つスキルです。

IRマップの使い方

では、あなた自身のIRマップを実際に描いてみましょう。

いきなり深刻な事柄に向き合うよりも、難易度が低そうなものから始めるのがよいでしょう。なぜかいつもうまくいかないことを思い浮かべてみてください。たとえば、寝坊する、遅刻する、ダイエットができない、締め切りギリギリまで作業をしない、ゲームをやめられないなどです。

IRマップを使って、どのプロセスでつまずいているのか、過去から繰り返している自分のパターンを明確にしましょう。

IRマップにはふたつのフェーズがありました。

【フェーズ1】は、結果が起きたプロセスの説明です。つまり、どうやってこの結果を手にしているのかを理解します。自己批判は必要ありませんが、質問には正直に答えてください［図表26］。【フェーズ1】は望んでいない結果から始めます。

それぞれの項目の冒頭に大きな問いがあります。その下にある質問リストは、大きな問いに答えるためのものです。わからないステップは飛ばしても大丈夫です。マップを仕上げること自体が目的ではなく、問いに答えながら自分の持っている思い込み、期待、前提、ストーリーなど無意識のパターンに気づくことが目的です。

ここに挙げた問いだけでなく、より気づきが深まる問いがあれば、付け足していきましょう。初めのうちはひとりでやるよりも誰かと一緒にやるとよいかもしれません。

いま手にしている結果がどのように発生したかを理解できたら、そのパターンを変換する【フェーズ2】を開始することができます［図表27］。

すべての質問に答える必要も、順番に答えていく必要もありません。答えられる問いから始めて、それがどこにあなたを導いてくれるか見てみましょう。どんどん思いつくことを書いてみましょう。プロセスを行ったり来たりしながら、自分なりのＩＲマップを完成させていってください。

- ＩＲマップをつくってみて、どんなことに気づきましたか？
- どんな特徴やパターンがありますか？

・望む結果を得るために、どんなことができそうですか？

ＩＲマップは繰り返し使うことで徐々にコツがつかめるようになります。一度や二度で成果は出ません。なぜならこの作業にはいままで意識してなかったことに意識を向ける、自分の意識の範疇を飛び出す、というきわめて挑戦的なことが要求されるからです。感情が揺さぶられることもあるでしょう。根気強く使い続け、試行錯誤を重ねて経験値を増やしてください。

ＩＲマップは望んでいない結果を繰り返している状況を変えるためだけではなく、どんな結果が欲しいかわかっていない場合にも使うことができます。次にその例をご紹介します。

第 7 章

あなたのこと

図表26　IRマップ　**フェーズ1**　（望んでいない結果を起点に）

望んでいない

結果
RESULT

わたしはどんな結果を手にしているのか？

ex. この結果はわたしが求めていたもの／期待していたものだったか？
このような結果をこれまでどのくらい繰り返してきたか？
この結果の代償は何だったか？
もし違う結果があるとしたらどんな可能性があるだろうか？

行動
ACTION

この結果をもたらした行動は何か？

ex. わたしはいま、どんな役割を演じているのか？
この結果を（繰り返し）生み出す原因となっているわたしの行動は？
わたしはいつもどんな行動をしているだろうか？
この行動からよくない影響がありそうか？

選択
CHOICE

わたしにはどんな選択肢があるのか？

ex. わたしの選択肢はこれだけなのか？他にオプションはないのか？
わたしがこだわっていることは何だろうか？
新しい可能性を開くために手放せそうな価値判断や思い込みはあるか？

認識
PERCEPTION

わたしはいまどんな経験をしているのか？

ex. わたしはいまどんな感情でいるのか？（感情）
わたしの身体は何を感じているか？（身体感覚）
この出来事はわたしに何を思い出させるか？（思考・頭に浮かぶストーリー）
わたしは信条、期待、前提、価値判断、思い込みなどに影響されていないか？

意識
ATTENTION

わたしの意識とエネルギーはどこに向けられているのか？

ex. わたしの目にとまるもの、耳にはいってくるものは何か？
わたしの意識とエネルギーが向いている対象はこれでベストか？
わたしの意識をそらしているものは何か？
どうしたらもっと自由に意識を向ける先を決められるだろう？

本当に望む結果

意図
INTENTION

わたしが本当に望む結果は何か？

ex. わたしが全力を捧げたいことは何か？
わたしの価値観に合っていることは何か？
わたしのことを他の人にどのように経験してもらいたいのか？

あなたのこと

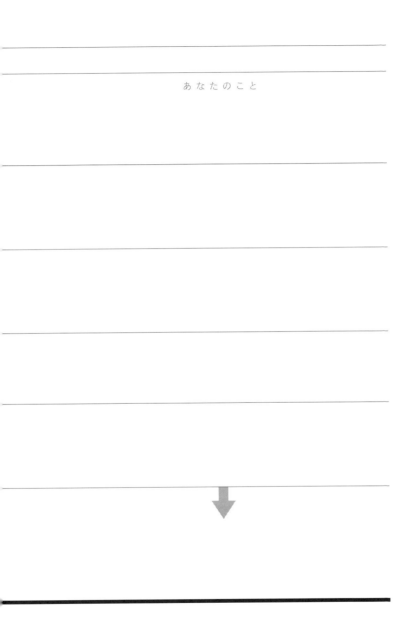

図表27 IRマップ フェーズ2 （本当に望む結果を起点に）

本当に望む結果 **意図** INTENTION	**わたしが本当に望む結果は何か？** ex. わたしが全力を捧げたいことは何か？ わたしの価値観に合っていることは何か？ わたしのことを他の人にどのように経験してもらいたいのか？
意識 ATTENTION	**わたしの意識とエネルギーはどこに向けられているのか？** ex. わたしの目にとまるもの、耳にはいってくるものは何か？ わたしの意識とエネルギーが向いている対象はこれでベストか？ わたしの意識をそらしているものは何か？ どうしたらもっと自由に意識を向ける先を決められるだろう？
認識 PERCEPTION	**わたしはいまどんな経験をしているのか？** ex. わたしはいまどんな感情でいるのか？（感情） わたしの身体は何を感じているか？（身体感覚） この出来事はわたしに何を思い出させるか？（思考・頭に浮かぶストーリー） わたしは信条、期待、前提、価値判断、思い込みなどに影響されていないか？
選択 CHOICE	**わたしにはどんな選択肢があるのか？** ex. わたしの選択肢はこれだけなのか？他にオプションはないのか？ わたしがこだわっていることは何だろうか？ 新しい可能性を開くために手放せそうな価値判断や思い込みはあるか？
行動 ACTION	**この結果をもたらした行動は何か？** ex. わたしはいま、どんな役割を演じているのか？ この結果を（繰り返し）生み出す原因となっているわたしの行動は？ わたしはいつもどんな行動をしているだろうか？ この行動からよくない影響がありそうか？
↓	
結果 RESULT	**わたしはどんな結果を手にしているのか？** ex. この結果はわたしが求めていたもの／期待していたものだったか？ このような結果をこれまでどのくらい繰り返してきたか？ この結果の代償は何だったか？ もし違う結果があるとしたらどんな可能性があるだろうか？

「夫に遠慮してしたいことができない」という状況を変える

以前日本で実施したプログラムで、終了後に参加者全員で食事に行くことになりました。ある参加者の女性は食事会に行くかどうかずっと迷っていました。なぜかというと、食事会に参加するという話を前もってパートナーにしていなかったからです。彼女は、「当日いきなり外食の予定を入れたら、夫が怒るだろう」という思い込みを持っていました。そして、その思い込みによって彼女の選択肢は狭まっていました。

そこでわたしは「本当に彼はそう言っているの？」と聞いてみました。すると彼女は「話してはいないけど絶対そうだと思う」と答えました。

そこでＩＲマップを基に、彼女が本当に望んでいる結果とそれまでの行動を聞いてみました。わたしは、彼女に「いま起きていることのうち何が事実で何があなたの解釈ですか？」と尋ねてみました。

「食事に行きたい」と感じていることは事実です。また、「やっぱり行けないと思う」と言い続けていることも事実です。結果としてズルズルと思い悩み、時間だけが経っているのも事実です。

では、ほかの部分はどうでしょうか？　たとえば、彼女の意識が向いているのは「過去に言われたこと」です。事実かもしれませんが、目の前の問題と過去のことをあえて結びつける必要はありません。この過去の経験が「一緒に食事をしないと怒られる」という認識につながっています。つまるところこの女性は、過去の経験に基づく思い込みから「今日も食事には行けないに違いない」と選択肢を狭めてしまっていたのです。

このように、人は無意識のうちに注意を向ける方向を決め、選択肢を狭めています。これは彼女にとってよいチャンスだと思いました。新たな選択肢を実際につくれることを経験してもらうために「食事に行きたいという気持ちを素直に伝えてみてはどうですか？」とアドバイスしました。彼女はしばらく迷っていましたが、意を決して夫に電話をしました。すると「僕のことは心配せず楽しんできてね」という言葉が返ってきたのです。あまりにも簡単なことだったので、彼女はぽかんとしていました。

彼女に起こったことをＩＲマップで表現すると［図表28］のようになります。

「ゴチャゴチャ考えず、すぐにパートナーに電話して確かめればいい」と思う方がいるかもしれません。何割かの人たちは、すぐにそうするでしょう。このような認知、行動のパターンを持っている人たちは、当たり前のようにそうできるのです。

しかし、彼女は違いました。週末はいつも家でパートナーと一緒に食事していました。そうしないと彼の機嫌が悪くなると思い込んでいたのです。実際に機嫌が悪くなった経験もありました。ですから、夫に聞いてみるという選択肢が思い浮かばなかったのです。いままでその選択肢を持っていなかった彼女からすると、「パートナーに聞いてみる」というのは新たな選択肢になります。もし行動するとなると、恐れの感情も出てくるでしょう。なぜなら「彼は自分が週末に外食することを好まない」という自分が信じ続けていることを否定することになるからです。

彼女は、自分の思い込みや解釈から選択肢を狭めて、望む結果を諦めることが自分のわるいパターンになっていることに気づきました。

ではＩＲマップでこの変化を見てみましょう［図表29］。

その後、彼女ともう少し詳しくこの話をしたところ、「週末の夜は夫婦でゆっくりできる貴重な時間だから、ふたり揃って食事をするべき」と彼女自身も思っていることがわかりました。また、「夫のために自分を犠牲にするのがよい妻だ」という固定観念もあり

図表28　ある女性のIRマップ（望んでいない結果を起点に）

望んでいない 結果 RESULT	ズルズルと思い悩み続ける
行動 ACTION	「行きたいけど行けない」と言い続ける
選択 CHOICE	食事には行けない［それ以外の選択肢はない］
認識 PERCEPTION	・当日に予定を入れるなんてもってのほかだから食事にはいけない［思い込み］ ・週末は一緒に食事をしないと怒られる［思い込み］ ・外食をして帰ったら夫が不機嫌になったことがあった［ストーリー］ ・不安、諦め、ザワザワする［感情］ ・目の奥や頭が重く、肩に力が入っている［身体感覚］
意識 ATTENTION	過去に夫に言われた「週末は夫婦で食事をするのが当たり前だ」という言葉
本当に望む結果 意図 INTENTION	みんなと食事会に参加したい

ました。さらに、「子どもの頃から週末は家族揃って食事をしていた」という経験もありました。このように、過去の経験や思い込みから自動的にストーリーが構築されることはよくあります。それが「パターン」です。今回の例では、彼女の頭の中にある「夫が怒るに違いない」というストーリーによって選択肢は狭まっていました。そのストーリーを手放し、自分の本当に望むことに意識を向けたときに、新しい選択肢が開けて結果が変わりました。

わたしたちは過去の経験から頭の中でつくりだしたストーリーを自分では変えられない現実であると思い込む習性があります。この女性のような「パターン」を持っている人を、わたしは日本で多く見かけます。もしかしたら、「人は他人の考えや欲求を直接聞かずとも察するべきだ」という日本人の価値観が関係しているのかもしれません。そのような「察し」がうまく機能しているときは、「配慮」や「思いやり」につながりますが、的確に察するためには膨大な時間と経験が必要です。変化が速く、価値観が多様化している時代はなおさらです。

図表29　ある女性のIRマップ（本当に望む結果を起点に）

本当に望む結果

意図 INTENTION	やっぱりみんなと食事に行きたい
意識 ATTENTION	「どうやったら食事に行けるか？」という可能性
認識 PERCEPTION	・予定が突然入ることもある［価値観を手放す］ ・夫は怒らないかもしれない［思い込み、ストーリーを手放す］ ・不安だけど期待もある［感情］ ・ドキドキしている［身体反応］
選択 CHOICE	いまの自分の状況と気持ちを 夫に素直に話してみる［新たな選択肢］
行動 ACTION	夫に電話して話してみる
結果 RESULT	夫から「楽しんできてね」と言われて驚く 食事に行けてとても嬉しい

「話しかけづらい部長」というあり方を変える

もうひとつ例を紹介します。

わたしたちのリーダーシップ・プログラムに参加した日本の大企業で働くある部長のお話です。

彼はもともと頭脳明晰で心優しい人ですが、そのときの表情は硬くて、近寄りがたい印象を与えました。この部長のチームメンバーは、彼に対してイライラを募らせており、彼自身も自分に不満を感じていました。部下から「上司の考えていることがわからない」「もっとビジョンを示してほしい」「自分たちのことをちゃんと見て評価をしていない」と言われてなんとかしたいとは思っていたものの、直す自信がありませんでした。

プログラムを進めていくうちに、彼は自分が思う自分自身と、ほかの人が認識している自分にギャップがあることに気づきました。彼はまた、その状況が繰り返される原因となっている信念、感情、行動があることにも気づきました。

複数のＩＲマップを作成し、この状況に対する自分の認識を確かめてみると、だんだんといままで見えていなかったパターンが表れてきたのです。

彼は、自分のチームメンバーを「ダメな部下」と決めつけていました。彼はまた、何かあったときはチームメンバーが自分から相談に来るべきだと思っていました。しかし、じつは彼はコミュニケーションに自信がありませんでした。この自信のなさによって、いま何を、なぜしているのか、誰にも伝えることなく自分の仕事に没頭していたのです。

残念ながら、彼はいつも険しい表情で忙しそうにしているので、部下たちは近寄れませんでした。さらに部下たちだけでなく家族とのコミュニケーションにも問題がありました。

彼の手にしていたこれらの「望んでいない結果」の発端はすべて彼自身にあったのです。

では、どうやってこれを乗り切ったのでしょうか？

彼は、いままでやってきたパターンを変えるために望む結果を明確にし、新しいＩＲマップを組み立てました［図表30］。

部下たちの率直な言葉を聞いて、彼は「このメンバーと一緒に組織をよいほうへ変えていきたい」と心から思えるようになりました。その後、部下を巻き込んだ動きができるようになり、チームが活性化して仕事もうまく回り始めたそうです。

　彼の話にはもうひとつ付け加えることがあります。

　この本の前半で、望む結果を得る過程でトラウマを癒やすことの重要性についてお話ししました。この部長は、なぜ自分に自信が持てず、コミュニケーションが苦手なのか、その背景にあるものにまっすぐ向き合ったのです。彼は勇気を出して、自分の過去を思い返し、厳格な父親がけっして彼に反論させなかったことに気づきました。彼が話すと父親は彼を殴りつけました。そのため、幼いときから、彼の心の中で、コミュニケーションは殴られることと密接に関連づけられていました。この経験が、大人になってからも職場と家庭の人間関係に悪影響を与えていました。彼は非常に才能のある人だったので、それでも成功することができましたが、この考え方のために行き詰まっていたのです。

　わたしは彼にトラウマ治療の専門家に会うことを提案しました。彼は同意し、長い間背負ってきた傷を癒やすことに専念しました。わたしが最後に彼を見たとき、彼の固かった表情が緩み、持って生まれたハンサムな顔は幸せそうに輝いていました。まるでモデルのようだねと褒めると、彼は大声で笑いました。

図表30　ある部長のIRマップ（本当に望む結果を起点に）

本当に望む結果 意図 INTENTION	・自分を変えたい ・コミュニケーションの質を向上させたい ・楽しく結果を出せるチームにしたい
意識 ATTENTION	・自らが起点になり、些細なことでもチームに伝える ・自分のよいところ／部下のよいところ
認識 PERCEPTION	・部下から相談されるのを待つのではなく自分から歩み寄る［思い込みを手放す］ ・きちんと説明したらわかってもらえる［思い込みを手放す］ ・自分のこういうところが私生活にも影響しているのかも［新たなストーリー］
選択 CHOICE	・うまく伝わらなくてもいいから自分の思いをメンバーに伝える［新しい選択肢］ ・自分のよい面を見る［新しい選択肢］ ・部下のよい面を見る［新しい選択肢］
行動 ACTION	・チーム全員で話す場をつくり、丁寧に自分の意図を話した ・いままで自分が感じてきた恐れや自信のなさについて率直に話し、チームに詫びた
結果 RESULT	・部下たちは口々に「何でもっと早く教えてくれなかったんですか？」「部長が自分の気持ちをオープンに話してくれて嬉しかった」「部長が頑張っているのはみんな知っています。もっと自分たちを頼ってください」と言ってくれた ・「最近の部長は忙しそうで、顔もこわばっていたので話しにくかった」と話してくれたメンバーもいた ・自分が過去に繰り返してきたパターンが明確になった ・陥りやすい過去のストーリーや恐れも自覚できた ・望む結果に対して自分がブレないという自信が持てた

「助けを求められない」という思い込みを変える

わたしは日本で、才能ある社会的イノベーターのコミュニティを支援する仕事もしています。あるとき、社会起業家プログラムの参加者の中に、ダイバーシティ推進のためのＮＰＯ組織を設立した若者がいました。彼女は先見の明のあるリーダーとして認められていました。しかし、ＡＤＨＤ（注意欠如・多動症）、自閉症、学習障害などを抱えていたために、溢れる才能は、組織をまとめるという仕事とうまく噛み合いませんでした。彼女は、自分のよいアイデアが、組織としての行動に結びつかないことに不満を感じ、イライラし、疲れ果てていました。

そこで彼女は自分の状況をＩＲマップに当てはめてみました。すると、以前は考えてもみなかった選択肢が見えてきました。それによって生まれた新しい結果は彼女の人生を変えました。［図表31］を見てください。

図表31　あるリーダーのIRマップ（望んでいない結果を起点に）

望んでいない 結果 RESULT	・思うようにプロジェクトが進まない ・八方塞がり ・疲れきっている
行動 ACTION	苦手なこともわたしが全部やる
選択 CHOICE	わたしが全部やる［それ以外の選択肢はない］
認識 PERCEPTION	・わたしはリーダーだから 自分でやらなければいけない［思い込み］ ・誰にも助けを求めることはできない［思い込み］ ・不満、イライラ、焦り［感情］ ・胃の中の不快感［身体感覚］
意識 ATTENTION	いろんなことが気になる［ADHDの症状］

本当に望む結果 意図 INTENTION	組織を前進させる

このＩＲマップによって、彼女は自分がいまのような行動をとっている原因は「助けを求めることができない」という思い込みであることに気づき、それを手放しました。すると、まったく新しい可能性がひらけました。彼女の新しいマップは［図表32］のようになります。

彼女が「助けを求められない」という思い込みを手放し、自分が苦手としていることが得意な人がチームにいないか、どうやったらチームの強みを活用できるかに意識を向けたとき、すべてが変わりました。チームに助けてほしいと伝えることによって、それまで彼女が大きなフラストレーションを感じながら1週間かけてやっていたことを、チームメンバーが10分で仕上げてくれました。助成金の申請書を書くのもメンバーの助けを借りました。その結果、政府から1億円の助成金を取りつけました。

わたしたちは一般的に、「努力をすればするほど生産性は向上する」と考えています（第3章の「がんばれ！がんばれ！がんばれ！グラフ」の曲線を覚えていますか？）。しかし彼女は、仕事を減らすことで生産性を劇的に向上させることができました。

また、チームメンバーの強みに基づいてプロジェクトを割り振ることにより、組織に利益がもたらされただけでなく、個々のチームメンバーが自分の能力とスキルを発揮で

図表32 あるリーダーのIRマップ(本当に望む結果を起点に)

本当に望む結果

意図 INTENTION	組織を前進させる
意識 ATTENTION	目標を達成するために活用できるメンバーの強みやリソース
認識 PERCEPTION	・ひとりでやるよりみんなでやったほうが結果を出せる [新たな選択肢] ・わたしは他の人に助けを求めることができる [思い込みを手放す] ・一緒にやれば自分は楽になり、みんながハッピーになる [新たなストーリー] ・ほっとする。落ち着く [感情] ・緊張がほぐれる。頭がすっきりする [身体感覚]
選択 CHOICE	・課題を全員で解決するために共有する [新たな選択肢] ・チームワークを活発にする [新たな選択肢] ・できないことはできないと言う [新たな選択肢]
行動 ACTION	・できる人を探す [新たな選択肢] ・仕事をチームに割り振る [新たな選択肢]
結果 RESULT	・チームワークによってプロジェクトが進んだ ・過労やストレスから解放され、自分の強みに集中できるようになった ・組織、社会に利益がもたらされた ・チームメンバーのスキルが向上した

きるようになりました。

さらに、彼女はリーダーシップのモデルを「リーダーはすべてを行う」から「リーダーがチームに力を与える（エンパワーする）」へと完全に転換させました。これにより、彼女は自分の強みであるビジョン策定と戦略に集中し、チームは戦略を実行していくことに集中することができました。ＩＲマップは、自分が望む結果を明らかにするためだけではなく、その結果を得るために、誰からどんな助けを得るべきかを明らかにするためにも使えるのです。

これは、より多くのリーダーが長期的に持続可能な状態であるために学ぶべきことです。彼女のこの素晴らしい洞察と変容は、才能がある人たちがセルフマネジメントを実践すれば、個人という枠を超えて社会を変革することができるというわたしの理論を裏付けるものです。

彼女のように「非典型的な」脳で生きづらさを感じていたとしても、セルフマネジメントが障害を乗り越えて活躍することを可能にするのです。

「厳しい指導が成長につながる」という考え方を変える

先日、日本企業のマネージャー向けに実施したプログラムの中で、「最近、あなたが考え方を変えた出来事はありますか？　あるとしたら、それはどんなことでしたか？」と問いかけました。どれだけの人が「学び」を意識しているか、興味を持ったからです。

そこには15人程度の参加者がいたのですが、手を挙げたのはたったひとりでした。

彼は趣味で子どものバスケットボールチームのコーチをやっていましたが、どんどん子どもたちがやめていく状況でした。それを変えるために自分が何をしたかについて、語ってくれました。

この男性が考え方を変えたきっかけは、奥さんの一言でした。

「あなたは最悪のコーチね。怒鳴ってばかりいないで、もっと楽しくやらないと子どもたちがついてくるわけないじゃない！」

実際、彼の指導方法はミスした子を怒鳴り、恐怖を与えてがんばらせるというものでした。怒鳴られた子もほかの子たちもバスケットボールを楽しめなくなってしまいました。子どもたちは怒られないように言われたことだけをやるようになり、自主性や楽しさはチームから失われていました。

彼自身も子どもたちがチームから抜けていくのを見て、自分のやり方を変える必要があると感じていましたが、具体的に何をどうすればよいのかわからない状態でした。

この例をＩＲマップで考えてみるとどうでしょうか。

［図表33］はコーチが最初に書いたＩＲマップです。よいチームをつくりたいという意図はあったものの、教え子がやめていくという「望んでいない結果」を抱えていました。その理由がわからず、自分自身もフラストレーションを感じていました。奥さんに言われて自分が子どもたちに対して怒鳴っていることに気づいたので、それを書き込みました。

彼は、自分が怒鳴っていることには気がつきましたが、その瞬間に自分に起きていることについては、「カッとなっている」「イライラしている」ということ以外、よくわかっていませんでした。

このＩＲマップを見ながらさらに自分の内面に目を向けたところ、コーチはあることに気がつきました。彼はむやみに怒鳴っていたわけではなく、「厳しい指導によって子ど

図表33　あるバスケットボールコーチのIRマップ（望んでいない結果を起点に）

望んでいない 結果 RESULT	・子どもたちがチームをやめていく ・子どもたちはつまらなさそうに言われたことだけをやる ・コーチ（自分）はフラストレーションを感じている
行動 ACTION	子どもたちに対して怒鳴る
選択 CHOICE	子どもは厳しく育てる［それ以外の選択肢はない］
認識 PERCEPTION	・子どもたちは厳しくすると成長する［思考］ ・ミスや弱みを直すことが成功に近づく道である［思い込み］ ・自分は厳しく育てられてきた［ストーリー］ ・イライラしている［感情］ ・カッとなる、頭に血がのぼる［身体感覚］
意識 ATTENTION	子どもたちのミスや弱み
本当に望む結果 意図 INTENTION	よいチームをつくり、試合で勝つ

もは成長する」と考えていたのです。なぜそう考えるようになったのか。それは、自分自身が過去に怒鳴られて育った経験があったからでした。

厳しく叱るという教育方法があまりに当たり前のことだと思っていたため、このコーチは子どもに怒鳴っている瞬間、自分の意識が何に向いているのかについて、無自覚だったのです。

自分の認識が明らかになったとき、このコーチは自分がどこに意識を向けていたのかに初めて気がつきました。自分は「子どもたちのミスや弱み」ばかりに目を向けていて、ほかのことは無視しているんだ、と。

［図表34］は、彼の新たな気づきを書き込んだものです。

ＩＲマップは最初は空欄が多くても、それを見ながら自分と向き合うことで、書き込めることが増えていきます（そのためのツールです）。ときには何日もかかることもあります。このコーチが奥さんの一言で自分の行動に気づいたように、親しい人、信頼できる人のアドバイスも参考になります。自分ひとりでやっていて行き詰まったら、誰かと一緒にやってみてください。

新たな結果につながる新たな選択肢は、自分に見えていなかった思い込みやストーリ

図表34　あるバスケットボールコーチのIRマップ（本当に望む結果を起点に）

本当に望む結果 意図 INTENTION	よいコーチとなり、 楽しさが溢れるチームをつくる
意識 ATTENTION	・自分も楽しみ、子どもたちも楽しむ ・バスケットボールを通じてみんなが成長する
認識 PERCEPTION	・ポジティブな体験は積極的な学びにつながる［新たな考え方］ ・厳しくしなくても人は成長できる［思い込みを手放す］ ・チャレンジする体験が成長や上達につながる［新たなストーリー］ ・楽しい。笑顔が溢れる［感情］ ・体が軽い。子どもたちと一緒に動きたい［身体感覚］
選択 CHOICE	・楽しみながら学べる場をつくる［新たな選択肢］ ・叱るのではなく、 よいところや強みに目を向ける［新たな選択肢］
行動 ACTION	・子どもたちと一緒にバスケットボールを楽しむ ・子どもたちが「どう学ぶか」に集中して行動する
↓	
結果 RESULT	・チームの雰囲気がよくなり、対戦成績もよくなった ・子どもたちに活気が戻り、 楽しそうにプレーするようになった ・フラストレーションから解放された

ーを手放すことから生まれます。

これまでお話ししたように、多くの人は外の世界にばかり目を向け、自分の内面に意識を向けません。毎日入ってくる情報が増える一方で、わたしたちは内面に意識を向けることがますます苦手になっています。

このバスケットボールのコーチは、自分の言動が子どもたちを遠ざける原因になっていたことに、奥さんに指摘されるまで気がついていませんでした。

自分がつい子どもを厳しく叱責してしまう背景には、「自分もそうされてきた」という過去の経験と、それによって「厳しくされることで人は成長する」という思い込みがありました。

これはけっして珍しい話ではありません。

わたしたちは往々にして自分の過去の経験や思い込みが周りにどんな影響を与えているか気づいていないのです。だから何かうまくいかないことがあると他者のせいにしたり、解決方法がわからず無力感を抱いたりして、「望んでいない結果」を繰り返すのです。

ＩＲマップはその悪循環から抜け出すためのツールです。自分に起きている事象を構造化することで、新しい選択肢が見つかります。

「本当に望む結果」を持っているか

ＩＲマップの使い方を通じて、いま手にしている結果は自分のマインドの足跡であり、次につなげるための貴重な情報だということを学びました。

では、この章の最後に、自分のＩＲマップをいま一度見ながら、次の質問に答えてみてください。

・そもそもわたしは意図（本当に望む結果）を持っているのか
・結果をもたらした行動だけを見ていないか
・自分の行動の選択肢はひとつしかないと思い込んでいないか
・いまある結果は変えられないと思っていないか
・どんな思い込みや固定観念に支配されているか

じつは「本当に望む結果」を持たずに行動している人は非常に多くいます。また、ほかの選択肢を考えようとせず、ただひとつの行動（自分が慣れ親しんだやり方や上司から言われたこと）に固執している人も少なくありません。

冒頭で紹介した20世紀型ヒエラルキーモデルでは、課題と役割がシンプルだったので、行動と結果だけを見て自身にフィードバックをすれば成果を得ることができました。しかし、21世紀型ネットワークモデルは複雑で変化が激しく、いままでのやり方では成果が出ないことがほとんどです。自分の望む結果を明確にし、新たな選択肢を生み出し、試行錯誤を繰り返していくことでしか成果は出せません。

また、一度のアクションで大きな成果を出すこともできません。いま得られている結果を貴重な情報として捉え、そこから試行錯誤をして学び続ける必要があるのです。重要なことは、結果は次のプロセスに生かすための情報であり、一喜一憂する対象ではない、ということです。

また、認識は常に自分がつくり上げているということも忘れないでください。いま自分が得ている経験が過去のどのような体験に紐付いているか。どんな思い込みや期待、価値観を持っているかで認識は変わってきます。人はみな、自分のフィルターを通して世界を見ています。たとえば、いまあなたが痛みを感じているとしたら、見えている世界は、痛みがないときに見る世界とは違うものでしょう。

ＩＲマップは個人で使うだけでなく部下との1on1ミーティング（定期的な個人面談）やチームミーティング、期初の全体ミーティングなどの場面でも使えます。また、家族でも使えます。

わたしの場合、毎年の恒例行事として、ＩＲマップをベースにして年末年始に妻と一緒に新しい年の予定を立てます。この1年で家族として望む結果は何かを考え、その後、定期的にマップを使って振り返りをすることで、自分や家族が本当に大切にしたいことからブレずに生きていけるよう心がけています。

Transform Your Results

C h a p t e r 8

第 8 章

変化を前提に生きる

わたしたちが生きているＶＵＣＡの時代は曖昧で正解がない世界です。過去の成功体験をなぞっても再び成功できるとは限りません。

望む結果を出すためには、いままでと違う行動が必要になっています。そんなことはわかっていると思っても、わたしたちは無意識的にフィルターを通して物事を見てしまうために、自ら選択肢を限定してしまい、結果が出せないという状態に陥りがちです。ドラッカーは『すでに起こった未来―変化を読む眼』の中で「人間は知覚能力の範囲内でしか知覚できない」「人間は知覚したいと思うものを知覚する。見たいと思うものを見、聞きたいと思うものを聞く」と書いています。それが人間の特性なのです。

望んでいない結果を得ている状態から脱却するには、過去のやり方を捨て、新たなチャレンジが何なのかを明確にする必要があります。そして、自分（やチーム）にどんな思い込みや執着があるのか、どんな期待や前提があるのか、大事な価値観や信念があるかどうかを自問し続けなくてはなりません。その過程で自分（やチーム）が本当に望む結果を明らかにして、そこに到達するための選択肢を広げ、失敗を繰り返しながら前に進んでいくこと。この繰り返しから学び続ける以外に、望む結果に近づくことはできません。

ドラッカーの言う「知覚を鍛える」ということは、セルフマネジメントの実践そのものです。マインドフルネスの本来の目的である、「意識を向け、認識する力を育てる」（develop attention and cultivate perception）ことです。そのためには自分の外側だけでなく内面に目を向け、瞬間における経験の解像度を上げる必要があります。瞬間を微細に色鮮やかに捉えることが、結果を変える原動力となるからです。

しかし、その瞬間に恐怖や疲労を感じていれば、注意力も散漫になり、過去のパターンや慣れ親しんだ習慣に逆戻りしてしまいます。セルフマネジメントを実践するためには、自分のストレス（恐れや疲労）を自覚し、自分の身体や感情の状態をチェックできなければいけません。これらを可能にするために、戦略的休息やストレスと生産性の関係に加え、グラウンディングや呼吸などのツールがあることもお伝えしてきました。

本書では、望んでいない結果をもたらす要因についてもお話ししました。サバイバル反応・情動反応と、マインドレスネスです。

まず神経系（自律神経）の仕組みをお話しし、自分の身体感覚や感情に目を向けることの重要性や、レジリエンス・ゾーンについて紹介しました。レジリエンス・ゾーンから外れサバイバルモードになっているとしたら、自分の経験を冷静に観察することができません。過覚醒ゾーンにいるとしたら、「戦う」「逃げる」モードになり視野が一気に狭まります。逆に低覚醒ゾーンにいるとしたら、エネルギーが枯渇しています。

大事なポイントは、自分の状態に気づくことと、必要に応じてレジリエンス・ゾーンに戻ることです。過覚醒や低覚醒ゾーンにいることは「わるいこと」ではありません。そこにも何らかの意味があるのです。

レジリエンス・ゾーンにいるときには、落ち着いた状態で瞬間に注意が向けられます。リソーシングやグラウンディングを通してレジリエンス・ゾーンに戻りやすくなることも、学びました。

マインドレスネスは、いまこの瞬間の「現実」とのつながりが失われ、そのことに気づいていない状態です。

人は常に自分のフィルターを通して物事を見ており、気づかないうちに自ら選択肢を狭めています。さらに、人間はわるいほうへと意識を向ける傾向があります。

たとえば「いまの仕事に面白いところは何もない」という世界観を持ち、そのフィルターで物事を見ていると、「この仕事は面倒だ」「あの人と関わると厄介だ」「この会社には先がない」などネガティブな部分に意識が向き、そうではない可能性を排除してしまいます。

この状態から抜け出すためには、自分のフィルターに気づいて、意識の向け先をシフトさせることが必要です。

この本の核は、第7章で詳しく紹介した「望んでいない結果を変えるためのツール」であるインテンション・リザルト・マップ（ＩＲマップ）です。

このＩＲマップを使いこなすための土台として、瞬間に起きている3つの要素（身体感覚・感情・思考）に意識を向けることの大切さや、人の意識の特性を理解すること、行動や思考のパターンを定期的に見直す必要があることについてもお話ししました。そして、意識の向け方が変わると新たな選択肢が増えるという実例も紹介しました。

いま得ている結果はいままで自分がしてきたことの足跡であり、次のプロセスに進むための大切な情報源です。その情報を深刻に捉えすぎないことも大事です。

よくある落とし穴についてもおさらいしておきましょう。
・そもそも意図（Intention）を持っていない

・行動（Action）→結果（Result）だけを見ている
・選択肢（Choice）はひとつしかないと思い込んでいる
・いまある結果（Result）を深刻に捉えすぎている
・思い込みや固定観念に支配されて身動きが取れない

ＩＲマップを活用する際に、すべての項目を無理に埋める必要はありません。ある項目（たとえばアテンション）を埋めるのが難しいのは、今までその項目に意識を向けてこなかったからです。ですので、少しずつ意識を向け始め体験と学びを積み重ねる必要があります。

ＩＲマップはすべてのプロセスが直線的に進むわけではありません。行ったり来たりしながら、次のように自分に問いかけてください。わたしたちはそうやって学び続けるのです。

・望む結果に近づいているのか？　遠いままなのか？
・うまくいったことは何か？　どこに課題があるのか？
・そのプロセスからどんな学びを得たのか？

変化を前提にする

世の中に起きているすべてのことは、常に変化します。人はその時々の状態によって機嫌が変わりますし、感情も移り変わります。仕事もプロジェクトの状況も刻々と変わります。経済状況も変われば、国際関係も、政治も、天候も、すべては移り変わります。変わらないものはありません。

体の内側の状態に意識を向けると、交感神経が優位になったり副交感神経が優位になったりしていることがわかります。ボーッとしているのはリラックス状態の場合もあれば、レジリエンス・ゾーンを超えている場合もあります。

重要なのは、すべての物事は変化することを自覚していることであり、無理に抵抗するのではなく、変化の波を楽しむマインドセットを持つことです。変化を嫌なこととして捉えるのではなく、前向きに捉え柔軟に対応していくことです。そのためにIRマップを活用し、「古い習慣やパターンで機能していないことは何か？」「自分が必死になって守ろうとしていることは何か？」など、自分がどんな枠組みにはまっているか探ってみましょう。

本書の巻末に書き込み欄付きのＩＲマップを付録として入れました。ぜひ活用してみてください。

わたしはいつもプログラムを受講するエグゼクティブに対して、「心地のわるい状況にいることに対して、心地よくなれるように」と伝えています。これは変化が前提となるＶＵＣＡの世界では必須のスキルですし、この心構えを持つことで学ぶための土台が築けます。

そのうえで、本当に望む結果（意図）を、どんな小さなことでもいいので持ってほしいと伝えています。思い込みや消去法で決めた「望む結果」は見せかけかもしれません。それが本当に自分の望む結果であると確信が持てたら、周囲に伝えてみてもよいでしょう。そうすれば、「あれどうなったの？」「最近その話聞かなくなったね」と問われることで、それが「本当に欲しい結果」だったのかどうか、チェックすることができます。

わたしは、自分の病気が最悪の状態で死にかけていたとき、物事をよく観察し、熱心に感謝するという練習をしました。ある日、山を車で駆け抜けていたときのことです。ロサンゼルスのダウンタウンが遠くに輝いているのが垣間見えました。そのとき「今日という日は、なんと美しい日なのか」と気づきました。すると突然、わたしの脳の中で何かが劇的に変化したのです。比喩ではなく、頭蓋骨の内側で実際に物理的な変化が起こったと確信しました。その瞬間、わたしが経験していたすべての恐怖は消えてなくなりました。

同時に、多くの洞察がありました。わたしの体のほとんどは健康であることに気づきました。機能していないのは腎臓「だけ」です。わたしの肉体に関して、本当にうまくいってないことはたったひとつだけ。わたしは「死にかけの健康な人間」なんだ、という奇妙な考えが頭にふと浮かびました。

すべての生物がいずれは死にます。死に向かっている状態に何も問題はないのです。ただ、タイミングの問題はあります。できれば長生きしたいものです。

わたしは、酸素を生み出してくれている植物から、自分の車にブレーキを取り付けた人まで、自分を取り巻くすべてのものから受けたすべてのサポートなしでは生きてこれなかったことにも気がつきました。わたしの存在は、広大な支え合いのネットワークにおけるひとつの節である、というイメージが湧きました。

そしてさらに、美を意識的に認識することの重要性に気がつきました。美しさは強力なリソースであり、そこからわたしたちはエネルギーを得ることができます。最も悲惨な状況であっても、美しさはあなたに語りかけます。美の発するエネルギーを受け取るスキルはわたしたちの人生を変える力となるでしょう。

現代はあまりにも多くのことを自分で決めなくてはならない時代です。セルフマネジメントはそんな時代に誰にとっても必要な「人としての一般教養」です。この教養を身に付けて人生が変わった人を数多く見てきています。わたし自身の人生も変わりました。

この本は読むだけでは何の意味もありません。ぜひ、ひとつでも多くのことを実際に試してみて、自身に起きる変化に気づいてください。即座には変化が感じられないかもしれません。楽器の練習と同じです。１週間、１カ月、半年、１年と続けていくうちに、音が出せるようになり、ボリュームや音程をコントロールできるようになり、簡単な曲が弾けるようになり、さらに続けていくと複雑なメロディーも奏でられるようになります。根気よく続けてみてください。

これらの実践を続けていくと、最終的には自分の感覚がゆっくりと広がっていき、自分の意識が、地上に存在するあらゆるものより大きな何かに包み込まれていくことに気づくことでしょう。いま持っているものを手放し、より大きな可能性に自分を開放することで、あなたは別の角度から自分自身の姿を見ることができるのです。日常のなにげないことにも、これまで見たことのない深い神秘を感じる能力も身に付いていきます。

この本を手にとった方の選択肢が広がり、可能性が広がり、本当に望む結果を手にして、日々、生きることに喜びを感じられるようになることを心から願っています。

Practice

プラクティス
アプリシエーション・リスト

最後に、自分のレジリエンス・ゾーンを広げ、かつ自分が経験をどのようにつくり上げているかの気づきを広げるためのエクササイズをお伝えして、この本を締めくくろうと思います。

これはわたしがアプリシエーション・リストと呼んでいるものです。アプリシエーションとは、あるものやことに対し、理解し、認め、感謝することを意味します。

エクササイズはとてもシンプルで、自分が大切に思える、感謝できると思えるような、人・もの・ことを思い浮かべ、1日10個書き出します。「同じことは書いてはいけない」というルールがあります。これを1カ月続ければ、ひとつも重ならない300項目のリストができ上がります。

どんなことでもかまいません。まず出てくるのはいつも支えてくれる家族、寄り添ってくれるペット、頼りになる友だちなどでしょう。一度書いたらもうその人たちの名前は書くことができません。美味しい料理をつくれるお鍋、きれいに咲いている花、時間どおり電車がきたこと、失くしものが出てきたこと……そんなものやことでいいのです。

エクササイズの目的は、わるいことやうまくいっていないことではなく、よいことやうまくいっていることに目を向けることです。これは、日頃意識していないことに気づく訓練にもなります。エクササイズを続けることによって、自分がどのように経験をつくり上げているかが少しずつ見えるようになってきます。

たいていの人は、4~5日くらいすると急に書くことがなくなってきます。自分がアプリシエーションできるものが意識できなくなるのです。このポイントがこのエクササイズの本当の始まりです。ここから先は、「意図的に」アプリシエーションできることを探していく必要があります。それまで自分の意識の向け方がどれだけ偏っていたのか。何に気づかないでいたのか。自分の意識の外側にどのくらい大切なものや感謝できることがあるのか。それに気づく練習がここから始まります。

いままでとは違うことに注意を向けた結果、どんな変化が自分の中に起きたか。どんな難しさやチャレンジがあったか。そこから何を学び、自分にとってどんな意味があったか。それを体験する1カ月となるでしょう。

いつでもどこでもできますし、効果もわかりやすい簡単なエクササイズです。ひとりでやることもできますし、ペアやチームでもできます。このエクササイズにはレジリエンス・ゾーンに戻ったり、ゾーンを拡大したりする効果もあります。言い換えれば、自分自身の限界や許容範囲、心の広さを拡大できるツールでもあるのです。

時間をかけて練習すると、あなたの感覚が変わり始めます。恐怖や不足ではなく、感謝する対象に意識を向けるだけで、どれほど周囲が素晴らしいか、どれほど自分が支えられているか、そしてどれほど人生が魅力的になりうるかが、見えてくるでしょう。

アプリシエーション・リスト

日付	自分が大切に思える、大事に思える、感謝している人・もの・こと
月　日（　）	・
	・
	・
	・
	・
	・
	・
	・
	・
	・
月　日（　）	・
	・
	・
	・
	・
	・
	・
	・
	・
	・
月　日（　）	・
	・
	・
	・
	・
	・
	・
	・
	・
	・

Column

「余命5年」を宣告されたわたしに起きたこと

2008年の初めに、医師の友人が尿毒症の症状のリストを読んでくれました。それを聞きながら、すべての項目が腎不全の兆候を示していることに気づきました。余命5年の診断から17年。わたしはついに死にかけていました。医者でさえ、頭を振りながらわたしに言いました。「なんであなたがまだ生きているのかわからない……」。わたしはなぜだか知っていました。わたしの人生を引き延ばしてくれたのは禅の瞑想の力です。

さて、この医師から、3つの選択肢があると言われました。

①人工透析で生きる
②臓器待機リストに登録する
③臓器提供者を見つける

これらの選択肢はどれも簡単なものではありません。米国では、人口透析患者の死亡率は20～25%です。5年経つと65%が死亡します。わたしが住んでいるロサンゼルスでは臓器提供者を待つ期間は5～10年で、さらに長くなることもあります。腎臓提供者を見つけるという最後の手段は、恐ろしい選択肢のように思えました。もし呼びかけても、誰も応えてくれなかったら？

臓器提供を求めることは、自分の命が救われるに値するかどうか、世界に投票してくれと言っているようなものです。けれども、それが唯一の選択肢に思えました。ですからわたしは、自分のエゴとその恐怖に直面して、おそるおそる助けを求めました。2008年2月、知り合い全員にわたしの状況を知らせるために手紙を送りました。そこに、わたしを助けることに興味がある場合に備えて、病院の連絡先も一緒に入れました。それから、ただ待ち続けました。

3カ月後、病院から電話を受けました。電話の相手は非常に申し訳なさそうな感じでした。嫌な予感がしました。

「ごめんなさい、ハンターさん。申し訳ありませんが、ドナーの申し込みをこれ以上受け入れないことをお伝えしようと思って電話しました」

わたしは、意味がよくわからなくて、どういうことか説明してくださいと言いました。

「じつは、ほかの患者のドナーを処理できないほど申し込みがたくさん来てしまって」

わたしの耳が「たくさん」という言葉に反応しました。

「たくさんって、どのくらいですか？」

「24人です」

「それは確かにたくさんですね……。ちなみにこれまでの記録は何人ですか？」

わたしは思わず尋ねました。

看護師は笑って、「7人です」と言いました。

わたしは24という数字に安堵しました。結局、臓器提供を申し出た人は24人以上いたのですが、そのうちの13人はかつての教え子でした。

2008年の終わりに、オートバイレースと車のエンジンのメンテナンスが好きな、かつての教え子である女性から、腎臓を受け取りました。わたしの肌には色が戻り、生き返りました。

不思議なことに、それから数週間、わたしの頭はブリティッシュ・レーシング・グリーンのアストン・マーティンV8ヴァンテージの空想に取りつかれていました。ある日、彼女に電話してそれを伝えると、彼女は言いました。

「あら、それはわたしね！」

その後、わたしの人生は大きく変わりました。賢くて美しい女性と結婚し、息子が生まれました。この家族とともに、わたしが尊敬する建築家が設計した家で暮らしています。

あとがき

Epilogue

ピーター・ドラッカー、セルフマネジメント、そして日本

わたしはロサンゼルスにあるクレアモント大学院大学、ドラッカー・スクールで教えています。２００３年から現在まで、若手リーダーを中心としたビジネススクールや、さらには、経営幹部向けのエグゼクティブクラスでセルフマネジメントなどの講義を行ってきました。

始めた当初は、まだアメリカのビジネススクールでも、セルフマネジメントという文脈でのマインドフルネスの授業は珍しく（じつはいまでも稀なのですが）、このマネジメントスクールの創始者であるピーター・ドラッカーの教えを体現する授業として、多くの学生や社会人が受講してきました。ドラッカーは日本と深い関わりがありましたが、じつはわたしも日本と浅からぬ縁があります。

わたしの曽祖父は日本人の相撲取りでした。母は日本生まれで、妻は日本人です。わたし自身はアメリカで生まれましたが、大学在学中に日本の大学で学びました。初めて日本を訪れた１９７７年からというもの、何十回も日本へ行きました。毎回日本に来るたびに、飛行機から降りる瞬間、幸せの波がわたしを駆け巡ります。「ああ、戻ってきた！」と。

通常、わたしは早朝5時のフライトで到着し、魚市場の寿司屋に直行します。日本ではたくさんの友人、美しい場所、素晴らしい体験が待っています。抹茶、木版画、行きつけの定食屋、無印良品、クリーニング屋さんの笑顔の女性、近所の魚屋さんの1本500円の包丁研ぎ、手打ちそば、美しい器たち、電車の駅でのチャイムの音、紐を引っ張るとホカホカになる牛タン弁当……わたしはそれらすべてを愛しています。ここはわたしにエネルギーを与えてくれる場所です。もしわたしが日本から受け取った多くの贈り物に恩を返すことができる何らかの方法があるとしたならば、それはおそらくわたしの仕事を通してではないか、いつの頃からか、わたしはそんなふうに思うようになりました。

近年、わたしもさまざまなご縁から、年に数回日本を訪問し、日本のビジネスパーソンや経営幹部、ときには、社会変革に関わるNPOリーダーたちを対象に、米国での講義の内容を凝縮したワークショップも開催しています。そうした場で教えていることを広く知ってもらおうと、この本は特に日本のみなさんに向けて書きました。

この本には、ドラッカー・スクールで35週かけて提供しているわたしの授業の一部（約5週間分）と、日本で実施しているセッションで紹介している内容のエッセンスが詰まっています。

わたしが教えているプログラムは「結果を変えるために何をすればよいか？」という問いから始まる、非常に実践的なプログラムです。いまあなたを取り巻いている現実は、すべて何かの結果です。その結果が次の結果を生みます。言い換えれば結果もまたプロセスの一部なのです。本書は、体系的なプロセスを明らかにし、あなたが本当に望む結果に近づいていく手助けをします。

日本はものづくりにしてもサービスにしても、全般的な質が非常に高いことで知られています。一方で、「適切に物事を行う」というプロセス自体に取りつかれやすい傾向があるように思います。「適切に物事を行う」以前に望む結果が何なのか、それを得られているのかを明確にすることを忘れてしまっているようにも見えます。どの文化にもこうした問題はありますが、日本では特に深刻だと感じています。

この本で提供しているいくつものツールは、そのサイクルから抜け出し、より意味のある効果的な結果を生み出すことに役立つでしょう。

自分の毎日やキャリアをよりよいものにしたい人、より効果的なリーダーシップを発揮したい人、大切な家族や友人たちとよりよい関係を持ちたい人など、個人、チーム、組織において、「よい結果を出したい」と願う多くの人たちに届けたいと思っています。

いま、わたしたちの世界は急激に変化しています。その変化の波にうまく乗るための新しいスキルが、一人ひとりに必要なのです。

謝辞

どんな本も、カバーに名前が印刷されている人だけがつくったわけではありません。たくさんの人々による努力、会話、経験があってこそできるものです。

初めに、聡明で才能に溢れる妻、トモ・オギノに心から感謝したいと思います。あなたがいることで、わたしは毎朝目を覚まして幸せを感じることができます。みんなを笑わせる天才である、チャーミングな息子にも感謝します。

そして、稲墻聡一郎さん。わたしと一緒に会社をつくろうと言ってくれたあなたの粘り強い努力はいま、大きな成果をあげています。この本はあなたの多大な協力がなければ出ることはありませんでした。これからもパートナーとして一緒に楽しく仕事をしていきましょう。稲墻麻子さん、年に数回日本に滞在するときにはご自宅に受け入れてくださりありがとう。いつも散らかしてごめんなさい。あなたの穏やかで、冷静で、鋭い洞察力は、途方もない贈り物です。

中嶋愛さんにも心より感謝します。あなたの知性の働きを見るのはわたしの喜びです。この本に熱心に取り組み、最後まで伴走してくれたあなたに敬意を表します。

藤田勝利さん、あなたは何年も前にわたしを東京に招いてくれました。その招きがあったおかげで、わたしの日本での仕事がいま実を結びつつあります。

本田研作さん、いつもたゆまぬ思いやりのあるご支援をありがとうございます。あなたはわたしたちの宝物です。

ＥＴＩＣ．の宮城治男さん、あなたの友情と知恵に感謝します。わたしはひそかに、あなたは仏様ではないかと思っています。そして、あなたが率いる有能なＥＴＩＣ．チームとご一緒できるのは、いつもわたしの楽しみでもあります。

素晴らしい通訳者である相川千絵さんと杉本実紀さんは、わたしが伝えたいことの本質をつかみ、わたし以上にうまく表現してくれます。おふたりの仕事に感謝します。

原田雅さん、わたしはいつもあなたの洞察力と楽しい仕事から学んでいます。どうやったらそんなふうにできるのでしょう？

わたしの学生やクライアントにも感謝します。より新しく、よりよいものを生み出そうとするあなたたちの勇気にわたしは支えられています。

最後に、井上英之さんと井上有紀さん、おふたりのビジョンの広さ、心の広さ、そして勇気に感謝します。わたしを含む多くの人が、あなたたちの導きによって、よい人生を歩んでいます。

・Drucker, Peter F., (2001). *The Essential Drucker,* New York: Harper Business
ピーター・F・ドラッカー『マネジメント［エッセンシャル版］－基本と原則』上田惇生訳、ダイヤモンド社

・ピーター・F・ドラッカー『プロフェッショナルの条件』上田惇生訳、ダイヤモンド社

・『ドラッカー・コレクション珠玉の水墨画―「マネジメントの父」が愛した日本の美』（2015）、河合正朝著、美術出版社

主要参考文献

・Bradberry Travis & Greaves, Jean., (2009). *Emotional Intelligence 2.0,* San Diego: TalentSmart.
トラヴィス・ブラッドベリー、ジーン・グリーブス『EQ 2.0』関美和訳、サンガ

・Csikszentmihalyi, M., (1991). *Flow: The Psychology of Optimal Experience,* New York: HarperPerennial.
M・チクセントミハイ『フロー体験　喜びの現象学』今村浩明訳、世界思想社

・Drucker, Peter F., (1967). *The Effective Executive,* New York: Harper & Row.
ピーター・F・ドラッカー『経営者の条件』上田惇生訳、ダイヤモンド社

・Drucker, Peter F., (1985). *Innovation and Entrepreneurship,* New York: Harper & Row.
ピーター・F・ドラッカー『イノベーションと企業家精神』上田惇生訳、ダイヤモンド社

・Drucker, Peter F., (1989). *The New Realities: in Government and Politics, in Economics and Business, in Society and World View,* New York: Harper & Row.
ピーター・F・ドラッカー『新しい現実』上田惇生ほか訳、ダイヤモンド社

・Drucker Peter F., (1993). *The Ecological Vision,* New Brunswick, NJ: Transaction Publishers.
ピーター・F・ドラッカー『すでに起こった未来』上田惇生訳、ダイヤモンド社

・Drucker, Peter F., (1993). *Post Capitalist Society,* New York: Harper Collins.
ピーター・F・ドラッカー『ポスト資本主義社会』上田惇生訳、ダイヤモンド社

・Killingsworth, M. A., & Gilbert, D. T., (2010). "A Wandering Mind is an Unhappy Mind." *Science,* 330(6006), 932-932.

・Miller-Karas, Elaine, (2015). *Building Resilience to Trauma: The Trauma and Community Resiliency Models,* New York: Routledge.

・Siegel, Daniel J., (2015). *The Developing Mind: How Relationships and the Brain Interact to Shape Who We Are,* New York: Guilford Press.

・Wilson, Timothy D., (2004). *Strangers To Ourselves: Discovering the Adaptive Unconscious,* Cambridge: Belknap Press.
ティモシー・ウィルソン『自分を知り、自分を変える』村田光二 監訳、新曜社

・Young, Shinzen, (2016). *The Science of Enlightenment: How Meditation Works,* Boulder: Sounds True.

IRマップ フェーズ2 （本当に望む結果を起点に）

本当に望む結果 意図 INTENTION	わたしが本当に望む結果は何か？
意識 ATTENTION	わたしの意識とエネルギーはどこに向けられているのか？
認識 PERCEPTION	わたしはいまどんな経験をしているのか？
選択 CHOICE	わたしにはどんな選択肢があるのか？
行動 ACTION	この結果をもたらした行動は何か？
結果 RESULT	わたしはどんな結果を手にしているのか？

付録①

IRマップ フェーズ1 （望んでいない結果を起点に）

望んでいない 結果 RESULT	わたしはどんな結果を手にしているのか？
行動 ACTION	この結果をもたらした行動は何か？
選択 CHOICE	わたしにはどんな選択肢があるのか？
認識 PERCEPTION	わたしはいまどんな経験をしているのか？
意識 ATTENTION	わたしの意識とエネルギーはどこに向けられているのか？
本当に望む結果 意図 INTENTION	わたしが本当に望む結果は何か？

インテグラル・ソマティックス

名前	久保隆司（Takashi Kubo）
専門	インテグラル心理療法 （ブレインスポッティング等のトラウマ心理療法、ローゼンメソッド等のボディワーク）
住所	東京都新宿区早稲田（東京メトロ 早稲田駅）
連絡先	下記ホームページのお問い合わせフォーム
URL	http://integralsomatics.jp
予約	ホームページのお問い合わせフォームより連絡

カウンセリングルーム すのわ

名前	南 和行（Kazuyuki Minami）
専門	認知行動療法、EMDR、ブレインスポッティング、TFT マインドフルネス
住所	東京都足立区千住寿町9-16 寿メゾン101（北千住駅）
連絡先	info@sunowa.net
URL	https://sunowa.net
予約	ホームページ予約フォームか上記メールアドレスに連絡 （月曜、火曜、水曜 開室）

Nature Flow

名前	若尾秀美（Hidemi Wakao）
専門	ソマティック心理療法、トラウマ （ソマティック・エクスペリエンシング®、ソマティック・ムーブメント）
住所	東京都新宿区矢来町（東京メトロ 神楽坂駅 徒歩1分）
連絡先	natureflow2006@gmail.com
URL	http://nature-flow.com
予約	ホームページ予約フォームか上記メールアドレスに連絡

付録②

トラウマ対応セラピスト連絡先

生活心理相談室ナヌーク

名前	太田茂行（Shigeyuki Ota）
専門	トラウマ、ソマティック心理療法
	（EMDR、ハコミセラピー、ブレインスポッティング）
住所	東京都品川区上大崎（JR、東京メトロ 目黒駅）
連絡先	nanook.ota@gmail.com
URL	なし
予約	上記メールアドレスより連絡

帯津三敬病院　心理療法室

名前	浜田雅子（Masako Hamada）
	臨床心理士・公認心理師・特別支援教育士
専門	マインドフルネス瞑想を生かした心理療法、イメージ療法、
	自律訓練法、タッピングタッチ等
住所	埼玉県川越市大字大中居545番地（JR埼京線 南古谷駅）
連絡先	mako-hm@jcom.home.ne.jp
URL	http://www.obitsusankei.or.jp/outpatient/
	substitute/#daitai_shinri
予約	上記メールアドレスより連絡
	カウンセリングのみ希望か、心療内科受診（火曜）も希望かを伝える

ジェレミー・ハンター
Jeremy Hunter

クレアモント大学院大学ピーター・F・ドラッカー・スクール准教授。

同大学院のエグゼクティブ・マインド・リーダーシップ・インスティテュートの創始者。東京を拠点とするTransform LLC.の共同創設者・パートナー。「自分をマネジメントできなければ他者をマネジメントすることはできない」というドラッカーの思想をベースに、リーダーたちが人間性を保ちながら自分自身を発展させるプログラム「エグゼクティブ・マインド」「プラクティス・オブ・セルフマネジメント」を開発し、自ら指導にあたっている。「人生が変わる授業」ともいわれるこのプログラムは、多くの日本の企業幹部も受講しているほか、バージニア大学大学院でも講座を持つ。また、政府機関、企業、NPOなどでもリーダーシップ教育を行っている。シカゴ大学博士課程修了（人間発達学）。ハーバード大学ケネディー・スクール修士。日本人の相撲取りの曽祖父を持つ。

・Transform LLC 公式ウェブサイト
　https://transform-your-world.com
・ピーター・F・ドラッカー大学院大学
　https://cgu.edu/people/jeremy-hunter
・US ウェブサイト
　https://jeremyhunter.net

稲墻聡一郎
Soichiro Inagaki

Transform LLC.共同創設者、パートナー。
大手IT企業、ベンチャー企業役員を経て、2011年に起業。その後すぐに人生のリセットと留学を思い立ち準備を進め、2015〜2017年、クレアモント大学院大学ピーター・F・ドラッカー・スクールで学ぶ。2018年、同大学院の准教授、ジェレミー・ハンター、同大学院卒業生の藤田勝利とともにセルフマネジメントを核としたマネジメント研修プログラムなどを提供する会社Transform LLC.を設立。

井上英之

Hideyuki Inoue

慶應義塾大学大学院 政策・メディア研究科 特別招聘准教授／一般社団法人 INNO-Lab International 共同代表。
2002年からNPO法人ETIC.で日本初のソーシャルベンチャー向けビジネスコンテスト「STYLE」を開催するなど、社会起業家の育成・輩出に取り組む。2005年より慶應義塾大学湘南藤沢キャンパス（SFC）にてソーシャル・イノベーション系授業群を開発。2012〜14年、日本財団国際フェローとして、スタンフォード大学、クレアモント大学院大学ピーター・F・ドラッカー・スクール客員研究員。近年はマインドフルネスとソーシャル・イノベーションを組み合わせたリーダーシップ開発に取り組む。軽井沢在住。

ドラッカー・スクールの
セルフマネジメント教室

2020年 2 月28日　第1刷発行
2023年12月 2 日　第3刷発行

著者
ジェレミー・ハンター

執筆協力
稲墻聡一郎

発行者
鈴木勝彦

発行所
株式会社プレジデント社
〒102-8641　東京都千代田区平河町2-16-1
電話　編集(03) 3237-3732
　　　販売(03) 3237-3731

ブックデザイン
新井大輔

イラストレーション
西淑

編集
中嶋 愛

制作
関 結香

販売
桂木栄一　高橋徹　川井田美景
森田巌　末吉秀樹

印刷・製本
TOPPAN株式会社

　ISBN978-4-8334-2360-1